人才使用这样做才有效

升级你的用人能力，让人才愿意主动创造价值

董超　丁路遥　朱燕◎著

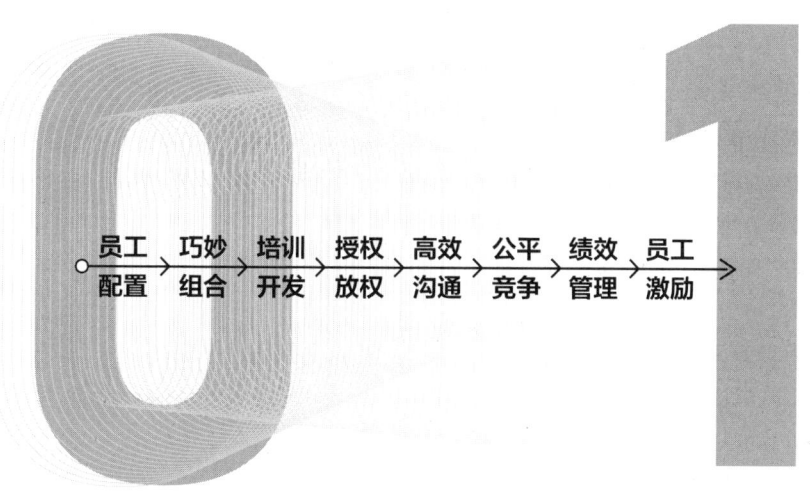

中国经济出版社
CHINA ECONOMIC PUBLISHING HOUSE

·北京·

图书在版编目（CIP）数据

人才使用这样做才有效：升级你的用人能力，让人才愿意主动创造价值/董超，丁路遥，朱燕著. -- 北京：中国经济出版社，2021.4

（人才管理系列）

ISBN 978-7-5136-5477-7

Ⅰ. ①人… Ⅱ. ①董… ②丁… ③朱… Ⅲ. ①企业管理－人才管理 Ⅳ. ① F272.92

中国版本图书馆 CIP 数据核字（2021）第 065384 号

责任编辑	牛慧珍
责任印制	马小宾
封面设计	任燕飞工作室

出版发行	中国经济出版社
印 刷 者	北京柏力行彩印有限公司
经 销 者	各地新华书店
开 本	710mm×1000mm 1/16
印 张	16
字 数	200 千字
版 次	2021 年 4 月第 1 版
印 次	2021 年 4 月第 1 次
定 价	58.00 元

广告经营许可证　京西工商广字第 8179 号

中国经济出版社 网址 www.economyph.com 社址 北京市东城区安定门外大街 58 号 邮编 100011
本版图书如存在印装质量问题，请与本社销售中心联系调换（联系电话：010-57512564）

版权所有　盗版必究（举报电话：010-57512600）
国家版权局反盗版举报中心（举报电话：12390）　服务热线：010-57512564

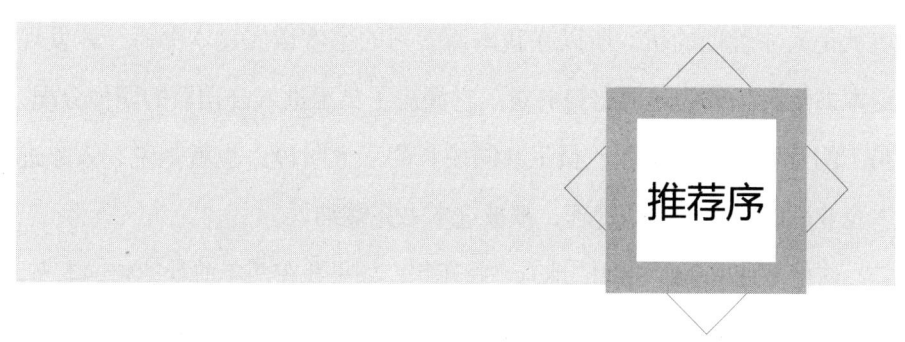

作为一个创业者,实在是太理解人才管理的重要性了。曾经看到一本书上说,许多企业的成本损耗中,管理失误造成的损耗占到30%以上。

我刚创业那会儿,对这个数据持怀疑态度。直到我独立创业两年后,才认识到这个数据的真实性,也意识到人才管理的重要性。

在最近一年的时间里,我把大量的时间都用来学习企业的人才管理。因为人才不管理,除了本身成本的损耗外,还让员工的能力得不到发挥,相当于是双重损耗。

所以,当我翻到这本书的目录时,就立刻被吸引了,因为它里面有很多思维,都是我当下没有注意到的,比如,员工的激励和员工之间的巧妙组合。

我以前在分配工作时,只是根据员工的性格分配单个任务,没有合理的激励机制和搭配机制。有一些员工做得不好,我一直以为是他们的态度不对,但现在我才发现,不是员工不认真工作,而是作为管理者的我们,在分配工作上有很大的不足,这才导致员工的积极性没有被充分发挥。

今年是我创业的第三年,在创业过程中踩过许多坑,而今年最多的坑就是人才管理的坑。所以在我本着学习的态度读完这本书后，才发现这本书比我想象的还要有料有货。它涵盖了员工进入公司后的职位分配，员工的升职体系，企业、员工共同成长的三大阶段。也就是说，人才进入企业后的所有阶段的管理，都被这本书完整纳入。

这也是这本书吸引我的地方。我在想，如果我在两年前就读到这本书，那么，我一定能少走许多人才管理的弯路。所以，我建议那些刚刚创业或者创业一段时间的朋友，好好来读这本书，它真的会给你很大的惊喜。

这世界上只有一种东西是不变的，那就是变化本身。很早之前，企业和员工签上一纸合同，员工卖力，企业给钱。但现在，人们对幸福感的追求越来越高，一份没有幸福感的工作很难让员工留恋。因此，作为管理者，我们需要提高的是自己的管理能力，要给员工创造更好的工作环境和工作氛围。当人才管理问题越来越少时，员工才会更加"敬业、乐业、爱业"，企业也因此会获得可持续发展。

我很羡慕微软，因为微软的员工总是自主加班，企业并没有要求他们这么做，但员工却自己把工作时间拉长，那是因为微软为员工创造了非常好的工作环境和晋升机制，员工想要更快升职，就主动留下来加班。

当企业人才愿意主动创造价值的时候，这个企业的效益一定不错，因为它已经和员工形成了成长共同体。所有企业都希望达到这样的理想状态。

我由衷地希望，企业管理者都来认真读这本书，让你的员工因为你的管理完善而更乐于工作，更有幸福感。社会变得更好，也有你的奉献。

水清亦有鱼

扬州大渔传媒有限公司 CEO

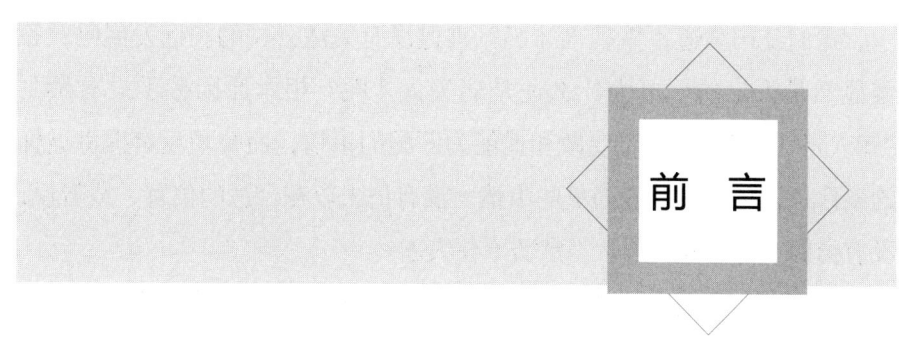

对于企业管理者来说，用人贵在"知人善任"，就是把合适的人放在合适的位置，这样才能达到用人的效果。如果做不到"知人善任"，即使招到"人才"，也留不住。

我之前所在的公司从事传统的生产制造。前两年，公司开始思考如何与互联网结合，寻求转型机会。为了能更快走上"互联网+"的道路，公司领导考虑引进一位项目经理，全面负责公司互联网转型的各项工作。为此，公司投入资金委托猎头开展专项招聘，定向猎取有团队管理经验、相关领域实操经验丰富的人选，同时，基于我们实际工作环境的需要，还要求该人选必须具备熟练掌握英语听说读写的能力。

经过猎头的多轮推荐，公司敲定了一位刚从国外回来的"海归"。双方就各自的条件谈妥后，公司迅速为对方办理了入职手续。结果一个月后，这位"海归"居然提出离职，理由是："我现在的工作，随便找个人都能做，为什么要把我招来害我？"

这件事情给了我很大的冲击，原以为薪酬不错、发展通道明确、受到公司重用的人，是不大可能离职的，结果事与愿违。

我们公司难道不重视人才吗？难道没有关注公司的长远发展吗？答案显然是否定的。可为什么还是痛失人才呢？根本原因在于没有做到"知人善任"。海归人才要做和他能力匹配的事情，而公司没有提供这样的条件，只是让他做些简单的事情。没有把人放在合适的位置，或者说，没有给到合适的权责利，当然留不住人才。

那么，如何把人才放对位置呢？在这本书里，我们从思想层面、管理层面、激励层面对员工的高效任用予以阐述。

想要用好一个员工，首先就得在思想上认识到人才管理的精髓，即把员工放对位置，能够不拘一格用人才，能巧妙组合员工。其次才是管理层面，要能做到有效培养员工，得给员工适当授权，让其能充分发挥自己的才干，在这期间，有任何问题都要懂得沟通，能够做到刚柔并济。最后才是激励层面，企业需要创造一个公平竞争的氛围，充分调动员工的主观能动性，穿插其间的就是绩效管理和有效的多维激励手段。

以上三个层面看似关联不大，但深挖底层逻辑，其实落脚点都在激励上。激励并不仅仅是指金钱的激励，也包括合适的岗位、轻松和谐的氛围、充分的授权等多种心理层面的软激励。

在这本书里，三个层面内容被拆分成九章来讲述，每个观点都有案例支撑，并尽可能图表化，力求在有限的文字里，将内容更加完整、直观地呈现出来，尽可能多地给管理者一些启发。

总之，用好人才是每一个管理者追求的目标，也是管理者能力的最佳体现。本书所阐述的一些观点，希望对每一位阅读本书的管理者都能起到抛砖引玉的作用，如此，我们写这本书的目的就达到了。

由于我们水平有限，书中若有不当或疏漏之处，还望广大的读者朋友多多包涵，欢迎提出宝贵意见，我们来共同探讨！

董 超

2020 年 11 月

听书请扫二维码

目 录

第1章 把员工放对位置 /001
1.1 让合适的人，做合适的事 /001
1.2 分析职位特点和用人标准 /005
1.3 摸透员工性格，分配不同岗位 /009
1.4 了解员工优势，让其坐对位置 /013
1.5 以"产品营销"思维定位员工 /016
1.6 搞懂90后员工需求，给他"权利" /020
1.7 摸清95后主力军喜好，让他"自由发挥" /023

第2章 用人不拘一格 /026
2.1 人才皆有长短，用其长也容其短 /026
2.2 用人可以疑，疑人也要用 /030
2.3 敢于任用比自己强的人 /033
2.4 不论资排辈，用人"能上能下" /037
2.5 一技之长胜过一纸文凭 /041
2.6 巧妙征服"偏才" /045
2.7 品质差 = 不可用 /048

第3章 员工巧妙组合 /051

3.1 员工巧妙组合，方能人尽其才 /051

3.2 "互补定律"让性格互补员工配合默契 /056

3.3 调整员工年龄结构，增强团队战斗力 /058

3.4 善用"异性效应"，男女搭配效率更高 /062

3.5 用"加法"与"减法"的法则调动员工 /065

3.6 合理搭配员工时需注意的要点 /069

第4章 有计划地培养员工 /072

4.1 做好试用期管理，不再放养 /072

4.2 以项目经理的思维建立培训运营体系 /078

4.3 如何开展95后新员工的入职培训 /086

4.4 构建全方位培养员工的"学习地图" /092

4.5 培训效果评估，让培训价值最大化 /098

4.6 为不同员工提供适合的培训模式 /102

第5章 适当授权放权 /107

5.1 信任员工，授权才能成功 /107

5.2 懂得给责任，不怕他走人 /112

5.3 放权给员工，让他实现自我价值 /115

5.4 适时授权，让员工甩掉"打杂"头衔 /120

5.5 及时干预，避免出问题 /123

5.6 把重权授予德才兼备的员工 /126

第 6 章　善于沟通，刚柔并济　　　　　　　　　　　　　/128

6.1　沟通要到位，不让员工做无用功　　　　　　　　　　/128

6.2　员工有矛盾，处理前要找到根源　　　　　　　　　　/132

6.3　员工离职时，面谈沟通有技巧　　　　　　　　　　　/137

6.4　95 后吸引法则：思想沟通更重要　　　　　　　　　 /141

6.5　按章办事，没有规矩，不成方圆　　　　　　　　　　/145

6.6　一碗水端平，公平对待每个员工　　　　　　　　　　/149

6.7　褒贬齐用，收效明显　　　　　　　　　　　　　　　/152

6.8　批评要分场合，把握分寸　　　　　　　　　　　　　/156

6.9　赋予员工使命感　　　　　　　　　　　　　　　　　/159

第 7 章　创造公平竞争氛围　　　　　　　　　　　　　　/163

7.1　适当制造竞争，激发员工潜力　　　　　　　　　　　/163

7.2　用"鲶鱼效应"激发员工活力　　　　　　　　　　　/167

7.3　让每个员工拥有竞争对手　　　　　　　　　　　　　/170

7.4　公平对待员工竞争，做到奖罚分明　　　　　　　　　/174

7.5　提供竞争平台，让员工的机会平等　　　　　　　　　/178

7.6　合理安排超过能力范围的工作，也是一种公平　　　　/181

第 8 章　做好绩效管理　　　　　　　　　　　　　　　　/185

8.1　做好成本预算，有效降低人工成本　　　　　　　　　/185

8.2　做好岗位评价，确保绩效考核公平性　　　　　　　　/191

8.3　BSC，对管理层的四维度考核　　　　　　　　　　　 /198

8.4　KPI，绩效考核的基本功　　　　　　　　　　　　　 /203

8.5　OKR，让绩效管理更简单　　　　　　　　　　　　　/209

8.6　做好"不扣钱"的绩效管理　　　　　　　　　　　　/214

第 9 章　做好员工激励　　　　　　　　　　　　　　　/219
 9.1　做好员工激励，共创企业未来　　　　　　　　/219
 9.2　合理分配奖金，杜绝员工吃大锅饭　　　　　　/223
 9.3　比钱更有价值的激励，是使命　　　　　　　　/228
 9.4　抓住细节，激励更有效　　　　　　　　　　　/232
 9.5　涉及利益，要主动为员工争取　　　　　　　　/235
 9.6　员工有难，做到雪中送炭　　　　　　　　　　/239
 9.7　所有的员工管理，本质都是激励　　　　　　　/242

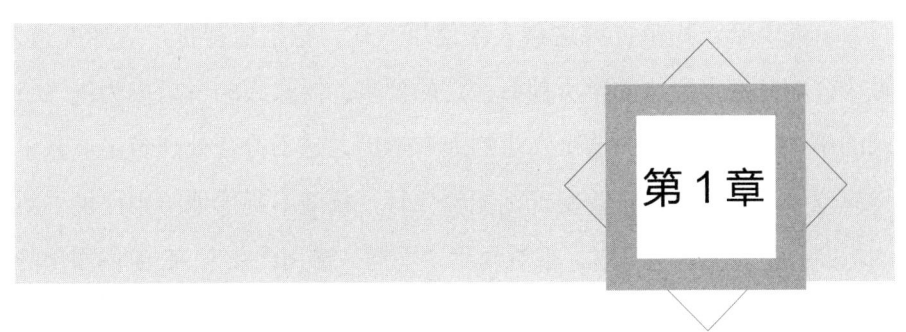

第 1 章

把员工放对位置

1.1 让合适的人，做合适的事

我们公司招进来一个女生，20多岁，大专学历。公司选她的理由极其简单：年轻漂亮，适合做前台。试用期三个月，结果才做了两个月，她就提前转正了。

原来，她入职后，刚好有一位负责员工关系的同事离职了，她在毫无准备的情况下，顺带做起了员工关系的工作。没想到的是，她的工作受到了许多部门的好评。按照公司规定，一旦有三个部门对新进员工予以表扬，就可以提前转正。于是，她提前转正，而且是从前台转到了员工关系的岗位上。

对这个女生来说，她获得了一次新的机会，能力得到了更大的发挥；对企业来说，也是意外地获得了一位好员工。如果她依旧做前台，企业就需要再招聘一位合适的员工来负责员工关系。可是，新招的人，能否胜任这份工作，还是一个未知数。所以，给已入职的员工机会，就显得更具智慧。因为，就算她不合适也没关系，她最初的定位就是前台客服。

一直以来，我都觉得这种人才使用方式，特别值得推广。要知道，每个公司对每个岗位的学历都有一定的要求，候选人的学历成为进入公司的第一道门槛。按照这个女生的大专学历，是不符合处理员工关系工作岗位要求的，可当企业发现她能胜任时，就毫不犹豫地给她提供了新的机会。很多企业管理者，很难做到"不拘一格用人才"，在他们固化的管理思维中，招进来的人，预设的是什么岗位，那就必须做什么工作。合适，就继续让其做下去；不合适，再换人。这种做法，其实是在浪费人才及公司的时间。

任人唯亲、固化死板，这些管理的顽疾，在很多企业存在着。有才而无处发挥的员工，在看不到希望之后选择离开。当他们离开时，企业不但没意识到自身的问题，反而说"这是我们不要的，走了更好"。试问，如此不懂得反思的企业，又哪里有发展可言？

那么，究竟如何做，才能人尽其才、人适其位？在我看来，有三点需要引起企业管理者的重视，见图1-1。

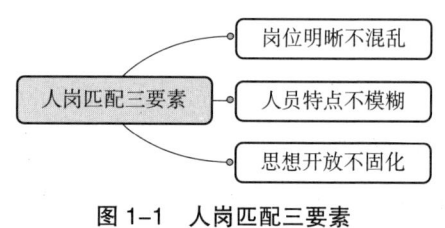

图1-1 人岗匹配三要素

1. 岗位明晰不混乱

管理者要想把员工放到合适的岗位上，就必须清楚每个岗位的特点。岗位具体做什么、有什么特点都不清楚，就不可能根据岗位筛选到合适的人选。在大家看来，一个岗位做什么、有何特点，再简单不过，毕竟每一条都清清楚楚地写在岗位JD（Job Description，职位描述）上。可是，真的如此容易吗？

例如，公司需要招聘一名招聘专员，如果简单定义为：从事过招聘工作、能及时招聘到合适人员，显然毫无意义。因为，每个公司的招聘岗位不同、类型不同、数量不同，对该岗位的候选人需求自然也不同。如果企业是 IT 行业，候选人除了需要具备 IT 行业背景外，该岗位的工作量有多大、工作成效如何要求，都需要进行全面的判断。只有深入洞察岗位的特点，才能做到对"岗"下药。

2. 人员特点不模糊

每一个员工，都有自身的特点，个人特点和岗位会存在某种程度的契合。有些人，一看就适合从事某个职业、适合某种岗位。只要在实践后，判断确实可行，就可以在考虑实际情况后，对其他条件予以放宽。

这种天生适合的实属少数。更多情况下，企业需要对员工的特点做到心中有数。管理者如果只是高高在上，不深入基层，不去与员工接触，就无法了解员工最真实的状态，自然也就无法根据员工特点安排合适的岗位。

我们曾招过一个文案能力很强的人，但从他入职到离开，一直没有安排他做过任何涉及文案类的工作。实际上，公司后来开了公众号，他的文案能力完全有用武之地，可公司却从外面新招进来一个人，负责公众号的文案投放工作。如果领导知道他这方面的能力，不仅可以为其提供更宽广的发展通道，也能减少人力成本支出。

3. 思想开放不固化

如果一个员工不能被安排到合适的岗位，除了管理者不了解岗位和人员特点外，最主要的问题在于管理者的思维。很多领导高高在上，按照自己设想的管理框架管理员工，他们思想保守、落后，已经完全跟不上现代企业发展的节奏。尤其是在方圆规则之下成长起来的一批管理者，他们凡事都得在规矩里行事，不允许员工违背他的规矩。规矩确实重要，但在各个行业、各个职业的边界越来越模糊的今天，吸纳一些新的思想、新的方法，尝试以创新引领变革，也是现代管理不可缺少的一部分。

如果不突破规矩限制，上文中那位以前台身份进来的女生，就不可能提前转正，也不可能破格调岗。要避免类似的问题，企业管理者首先需要明晰岗位与人员特点，但这只是基础，如果不求变，知道了也仅仅只是知道了，并不会付诸行动。只有思想开放不固化，才是关键的落脚点。

1.2 分析职位特点和用人标准

我的表妹是一家外贸公司的行政文员,人很勤快,聪明伶俐,办事效率高。每次领导外出,都由她安排及对接行程,包括订票、安排车辆、确定约谈时间等。作为一名行政文员,她的表现值得肯定。她在公司一做就是三年多,原本以为有升职加薪的机会,可是,才来公司一年多的一个新人,被提拔为行政主管,她这个鞍前马后的"红人"却得不到提拔。

这件事对她的打击很大,她抱怨说,自己对领导做出的贡献很大,甚至领导离开她连张票都订不了。既然如此,为什么她升职无望呢?

我和她说,在领导看来,不是她人不好,而是这个职位她暂时还不能胜任。作为一名行政主管,不但要熟悉行政管理,而且要扮演商务秘书的角色,能够熟练进行英语对话和翻译国外资料,而这些,她暂时还做不到,毕竟她现在做的也只是一些行政杂务工作。

不同的企业因其自身性质、管理层的用人理念等,有不同的用人标准。要把合适的人放在合适的岗位上,管理者必须进行岗位人员分析,见图1-2。

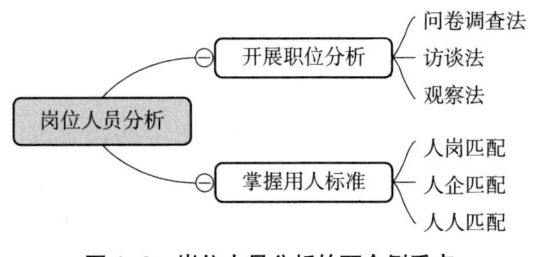

图1-2 岗位人员分析的两个侧重点

1. 开展职位分析

职位分析的根本目的，在于为企业人力资源管理提供全面的信息。形象地说，就是"公司有多少兵种、每个兵种是多少人数、分多少层级、为何这么分层级，步兵的标准是什么、平时要干什么、要会使用哪些兵器、具备哪些素质"，等等。罗列得越细致，分析得越透彻。

做职位分析可以为未来"招兵买马"和"提拔军官"确定参考标准，杜绝领导拍脑袋决定要还是不要某个人，也便于知道某个人选更适合哪个"军营"，能发多少"军饷"。

要做好职位分析，可以运用"5W1H"的原则来思考，见表1-1。

表1-1 "5W1H"原则的具体含义

字母	单词	含义
W	Who	谁从事此项工作，责任人是谁
W	What	该职位的人员要完成的工作任务是什么
W	Whom	为谁做？即受众"客户"是谁，这里的"客户"并不一定是指外部的客户，还包括企业内部的员工，如直接上级、下级、与工作有交集的同事等
W	Why	为什么做？即工作对企业的意义，当然也是这个岗位设置的目标
W	What qualifications	从事该岗位的人员所需要的学历、专业知识与技能、经验以及职业化素质等任职资格要求
H	How	如何从事此项工作？即该岗位的工作程序、规范以及为从事该工作所需要的权责利

在运用"5W1H"原则的前提下，我们还需要一些具体的方法。从本质来说，职位分析的过程就是一个信息收集、分析与处理的过程，因此，以下三种方法可供借鉴。

第一，问卷调查法。管理者首先要拟定一套切实可行的问卷，然后由被调查的员工进行填写。该方法更适用于脑力工作者、管理工作者或工作不确定因素大的员工，如软件设计人员、行政经理等。

第二，访谈法。也称采访法，它是通过与员工面对面的谈话来收集职位信息资料的方法。该方法对面谈人员的要求比较高，一般适用较少职位的工作分析。

第三，观察法。观察法是通过对员工日常工作的状态进行观察，从而获取工作信息，并通过信息比较、汇总等方式，得出职位分析成果的方法。该方法更适用于体力工作者和事务性工作者，如搬运员、操作员等。

2. 掌握用人标准

现代企业在选拔与使用人才时，主要基于两个维度：合格者的标准和绩优者的标准。

合格者的标准，是基于某岗位的任职资格所制定的用人标准，即一个员工顺利完成工作需具备的素质和能力。"KSAO"是人力资源管理中对员工岗位任职资格描述的常用模型，见表1-2。

表1-2 "KSAO"的具体含义

字母	单词	含义
K	Knowledge	执行某项工作任务需要的专业知识、岗位知识
S	Skill	在工作中运用某种工具或完成某项具体工作任务的熟练程度，包括实际的工作技巧和经验
A	Ability	人的能力和素质，如逻辑思维能力、学习能力、观察能力、解决问题的能力、基本的表达能力等
O	Others	有效完成某一工作需要的其他个性特质，它包括对员工的工作要求、工作态度、人格个性等

绩优者的标准高于合格者的标准，需要挑选出岗位的优秀员工，以其为标杆去建立选人标准。选拔绩优员工，必须考虑一个人的综合素质与能力，尤其是在中高层选拔时，因为有些人可能在此前的工作中还没有将潜力展现出来，如果单看绩效、任职资格，就很难识别出高潜质人才。在人力资源实操中，通过人才测评可以有效帮助管理者发现一个员

工"冰山"下的潜在素质。

此外，管理者一定要研究在某个岗位上表现最优秀的任职者，找出他们与表现一般的任职者究竟在哪些素质指标上存在明显的差异，如沟通能力、组织能力、自我驱动力等。

管理者在分析用人标准时，以下三个重要的原则需要引起重视：

第一，人岗匹配。人岗匹配是人力资源管理中的专业理念，每个人都适合不同类型的岗位，没有无用的人才，只有放错地方的人才。不同的岗位要求不同类型的人，管理者要为每个岗位找到适合的人才。

人岗匹配还要动态调整，否则成长的人才就会离开。例如，某业务员绩效很优秀，和同事的关系也很融洽，最后却选择了离职。HR通过离职访谈才知道，该员工觉得在企业中，几乎没有自己的发展空间和上升通道，所以选择离开。

第二，人企匹配。人企匹配是指员工个人的特点一定要和企业的特点有机地结合与匹配。例如，创业型的公司需要的不一定是专业性很强的员工，而是能全身心投入事业中的"工作狂"。对于成熟的企业而言，业务稳步发展，各项工作都井井有条，经常加班的"工作狂"反而不合适，往往会受到排挤。

第三，人人匹配。俗话说"不是一家人，不进一家门"，进了一家门，就应该都是一类人。在分析用人标准时，还要考虑岗位任职者与合作同事和直接上级的性格特点是否相适应。例如，企业中大多数员工是奋斗者，农村出身的居多，团队中突然冒出个炫富的，天天标榜个性、享受、行乐，就显得与企业的文化氛围格格不入，甚至带来一些管理方面不必要的麻烦。显然，管理者在用人时，以上问题都值得深思。

1.3 摸透员工性格，分配不同岗位

有一个两人销售团队，队长是一个性格特别外向的女孩，属于"自来熟"，只要和她搭上了话，那就准跑不掉。另一个男孩却恰恰相反，一眼看上去就非常老实，似乎一说谎，就会脸红。就是这样一个看似非常不协调的二人组，却连连摘得团队销售冠军。

原来，两个员工是这样合作的：在找到潜在客户后，每次都是队长打前锋，进行必要的沟通，让客户对产品有全面的了解，另一位就默默坐旁边听着，等到要拿下订单的时候，他俩的角色就对调了。看起来内向老实的那位男孩，利用别人对他的主观印象——不会撒谎，能够很顺利地拿下订单。实际上，他虽然内向，但不代表不是一个谈判高手。利用客户对他的主观印象，反而更加容易签单。

这个案例给我很大启发。我自认为性格偏内向，原本对从事人力资源工作还有些疑虑，毕竟这个工作需要与很多人打交道，知道这个案例后就释然了。上述案例告诉我，只要用对了地方，所谓的"坏"性格也能发挥大作用。这个道理在我的成长之路上发挥了至关重要的作用。

在团队管理方面，我把这个道理不断地践行下去，团队不同性格的成员，都被我恰到好处地安排到了适合他们的岗位上。当管理者在面试了无数求职者、使用了很多个新人后，依旧觉得员工不合适的时候，是不是应该停下来想一想问题究竟出在哪里，是确实无人可用，还是自己不会用人呢？

每一个员工都有自己的特性，领导者想要把员工放对位置，就必须对员工的性格了如指掌。员工性格运用的三个步骤见图1-3。

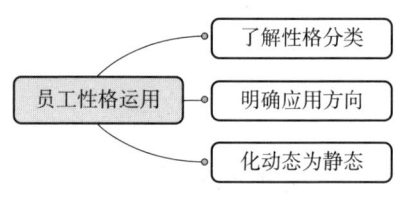

图1-3　员工性格运用的三个步骤

1. 了解性格分类

活泼、开朗、内向、孤僻，这些形容词都可以用来描述性格，但只是简单的描述，还不足以起到岗位适配的价值，管理者需要对这些描述词背后的职业动机等有所了解。测验员工性格的分类有很多，目前常见的性格测验类型见表1-3。

表1-3　性格测验类型

序号	类型	应用方向
1	人格测验	考察求职个体与其他人不同的、较为稳定且独特的思维方式和行为习惯
2	职业兴趣测验	了解个体对什么职业类型感兴趣，即个体喜欢做什么
3	职业价值观及动机测验	了解个体在职业发展中所看重的价值观以及驱动力是什么
4	职业能力测验	考察个体的基本能力和特殊能力，如口头表达、逻辑思维
5	性格测验	考察个体与职业相关的性格特点，即个体是怎样的一类人
6	职业发展评估测验	用来评估个体的求职技巧、职业发展路径等

需要注意的是，性格只能做大概的区分，无法定量。过分追求性格的精准性，反而违背了我们的初衷。

2. 明确应用方向

通过专业的测评手段，企业管理者能够对员工进行画像，继而可以安排员工到不同的岗位上。此时，管理者就要确定一些标准或方向，让性格的运用有所指向。一般说来，性格在具体运用上有四个方向：职业兴趣、能力倾向、价值观和性格。

（1）职业兴趣：员工喜欢做什么？

兴趣是主动认识、主动掌握某种事物必不可少的心理倾向。在职业的选择上，每个人都有其特定的偏好。同样是招聘工作，有人喜欢挑战高难度岗位，有人喜欢招普通技术类人才。因为招聘工作者的兴趣不同，所以能够根据既有岗位挑选不同的人，安排不同的工作。

（2）能力倾向：员工擅长做什么？

喜欢的不一定是擅长的。我喜欢唱歌，但我嗓子不好，自然也就与歌手无缘了，但我字写得漂亮，我就可以去钻研字体，这就是能力在事业成功方面的作用。对待员工也一样，就像最开始举的那个例子，内向的男孩具备很强的谈判能力，一样可以安排做销售工作。

（3）价值观：员工喜欢的工作方式是什么？

我们经常会看到，优秀的人才进入公司后不久就离开了，觉得非常可惜。很大程度上，这就是因为价值观不符导致的。人才不缺好工作，缺的是一群志同道合、共同打拼事业的伙伴。即便只是普通员工，也会有自己心中完美公司、完美领导的标准，只有弄清楚员工的价值取向，领导者才能判断现在的岗位是不是适合员工，以及怎样的岗位才适合。

（4）性格：员工的处事方式是什么？

有人面对同事的诋毁嗤之以鼻，有人却奋起反击。对待事物的不同态度，决定因素在于性格。因此，不喜欢与人争辩的员工，没办法做讨价还价的工作，如商务谈判；性格大大咧咧的员工，没办法从事数据处理的工作。了解每个员工独特的性格,才能够为岗位设置提供决策依据。

3. 化动态为静态

做好以上工作就足够了吗?如果要求不高,确实够了;可若想不断深化与实践,则远远不够。对管理者而言,性格的洞察与岗位的匹配,不过是一次动态的调整,但有一点不能忘记,人的性格是会变的。如果大家有意识地每年做一次专业的心理测评就会发现,随着经历和阅历的丰富,自己的性格也会发生变化。性格变了,对应的岗位自然也就需要有所改变。每一次的调整,都是一次大变动,管理者要把这种变动做成常态,成为一种高度类似于"静态"的存在。如此,针对性格的人员适配,也就做到位了。

1.4 了解员工优势，让其坐对位置

我曾经给员工讲过一个故事。

在一次聚会中，几位老板谈起自己的经营心得，其中一位说自己有三个不成才的员工，准备找机会将他们开除。这三个员工，一个整天嫌这嫌那，专门吹毛求疵；一个杞人忧天，老是害怕公司出事；还有一个经常不上班，整天在外面闲荡。另一位老板听后想了想，表示既然这三个员工这么不成器，不如交给他来管理。

第二天，三个员工到新公司报到，新老板开始分配工作：喜欢吹毛求疵的人负责产品质量；害怕出事的人负责安全保卫及保安系统的管理；喜欢闲荡的人负责商品宣传。三人一听工作的分配和自己个性相符，不禁大为兴奋，兴冲冲地走马上任。通过这三个人的卖力工作，公司的营运绩效直线上升，生意蒸蒸日上。

通过这个故事，我想让员工知道，他们都有自己的优势，而作为管理者，就是要让他们发挥各自的优势。

其实，上文故事中的老板，运用的是管理学上的"贝尔效应"，善于发现员工的优势，做到了人尽其才。

"贝尔效应"源于一个科学典故：英国学者贝尔才智超群，被认为一定会获得诺贝尔奖，但贝尔却出人意料地选择了另一条道路，充当引路人。他提出了一个个开拓性的课题，指引别人进行研究并登上科学高峰。这种理念后来逐渐被管理学者应用到管理实践中。

"贝尔效应"要求企业管理者要有大格局,能够以团队发展大局为重,不仅能慧眼识才,放手用才,还要敢于且善于任用和提拔能力比自己强的人,积极为能力强的下属创造脱颖而出的机会。

优秀的职业经理人最显著的特点就是,能够发现员工的优势,并使其有用武之地,同时在这一过程中,将员工个人的特长转化为实际的业绩。这注定是一个皆大欢喜的结局:员工在自己本就擅长的领域工作,游刃有余,甚至不需要激励;经理人因为知人善任,收获了更多的尊重与认可,提高了团队整体的工作效率与业绩。

牛根生曾说过,从人本管理的角度看,人人都是人才,就看放的是不是地方。因此,企业要想获得成功,就必须做到两点:一是了解员工的优势,二是让员工坐对位置,见图1-4。

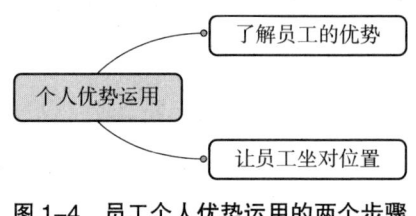

图1-4 员工个人优势运用的两个步骤

1. 了解员工的优势

常常有管理者认为自己的员工一无是处,或者不断提醒员工去改正那些难以改正的缺点。但事实上,没有"平庸的员工",只有"平庸的管理"。高明的管理者,要能认识到员工的不平庸,进而从每个普通员工身上挖掘有价值的东西,并加以引导和开发。

第一,从关注员工现有的优势开始。心理学研究表明,人类有24种情绪天赋,这些天赋通过人的思维、感觉与行为体现出来。当某个员工对一项工作怀有热情,并且做起来游刃有余时,就证明这是他的优势所在。

第二，换一个角度看缺点。俗话说，"垃圾是放错了地方的资源"。因为认知的偏差或者社会偏见等原因，某些被人们所公认的缺点其实是一种误判，或者与优点之间界限模糊。例如，某个员工斤斤计较，但从优势的角度看，他恰恰是仓库管理员的最佳人选。

第三，挖掘潜在优势。和显性优势不同，潜在优势不能仅凭观察来发现，管理者需要提供更多机会让员工去尝试，并允许其试错。这既包括对本职工作的创新，也包括本职工作外的新挑战。

2. 让员工坐对位置

从人力资源管理的角度看，要实现这一目标，管理者需做好知岗、知人、匹配三方面工作。

第一，知岗，就是进行工作分析。通过对某项工作有关的内容与责任进行汇集、研究以及分析，明确一个岗位的细化责任，从而真正了解该岗位。

第二，知人，就是构建胜任素质模型。在了解一个岗位的要求与特点后，可以利用履历分析、问题访谈、心理测验、情景模拟等技术来发现员工相关的素质，尤其是优点的部分，从而建模、定标，最后评价其能否胜任该岗位。

第三，匹配，就是能够知人善任。人岗匹配的目的就在于最大程度使企业员工能够"人尽其才"。因此，在实际用人过程中，让不同特点和专长的员工能够做自己擅长的事情，从而实现人力资源的有效配置和合理使用，并最终达到企业人力资本收益的最大化。

1.5 以"产品营销"思维定位员工

企业与员工之间是岗位提供者和需求者的关系,二者的需求一定存在差异,就像在城市道路的设计上,路线设计者和路人的想法就存在差异,见图1-5。

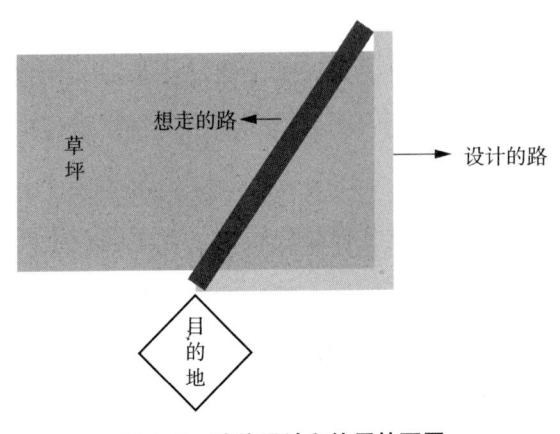

图1-5 路线设计和使用的不同

图1-5中,路线设计者站在他的角度,希望保持草坪的完整性和美观性,于是在旁边设计了小路,可路人对草坪的存在属于一种"无视"状态,他只想以最直接的方式到达目的地。

企业所提供的岗位,本质上是一种产品。企业需要把"岗位"这个产品卖给合适的人选,让员工通过"岗位上的工作"赚取利润。为什么你的岗位没找到合适的人?原因是你的"岗位产品"吸引不了你的"目标客户(员工)"。如此,自然就出现了"无人可用"的情况。因此,作为企业的管理者,何不尝试着站在员工的角度,以"产品营销"的思维重新去匹配人选呢?

岗位的营销思维涉及六个关键环节,见图1-6。

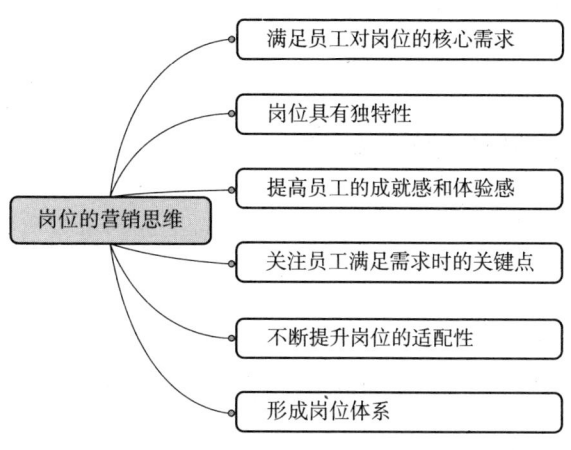

图1-6 岗位营销思维运用的六个关键环节

1. 满足员工对岗位的核心需求

任何一个产品的出现,都是为了满足客户某一个或者多个方面的需求。如微信,其设计理念就是迎合人们对移动化社交的需求。在此基础上,要让用户热爱这款产品,才有赢得利润的可能。而热爱的核心在于满足用户的核心需求。

那么,对于一个岗位,其核心竞争力是什么?是丰厚的报酬、极大的权限,还是广阔的发展平台?你要怎样体现岗位的特点并让合适的员工产生兴趣?或者,在确定符合岗位条件的人员时,遇到的最大问题是什么,你该如何去解决?弄清楚了以上问题,岗位的核心点就抓住了。

2. 岗位具有独特性

一个岗位如果没有什么特点,就吸引不了合适的人选。就像企业喜欢有特点的员工一样，员工也会对有特点的岗位倍加青睐。岗位的独特性和核心需求可能相同，也可能不相同。关键在于企业希望借由哪些特点来吸引合适的人。例如，同样是销售经理一职，核心需求和独特性可能都是"销售提成高达40%"，但也可能是，公司所在的行业属于暴利行业，这也会成为一种"独特性"。

3. 提高员工的成就感和体验感

一个产品最重要的作用是，用户核心需求被满足时所获得的成就感和体验感。岗位的设置也一样，针对不同岗位，在确定核心需求后，要能够真实地达到其成就感和体验感，并在今后也提供持续的感受。值得注意的是，不能有太多无关的感受干扰到员工的核心需求，这样会降低其主要感受，进而存在"最终放弃"的可能。

4. 关注员工满足需求时的关键点

从营销的"获知产品、试用产品、需求得到满足、离开、回来"这一过程来看，每一环节都存在关键点。关键点会直接对下一个环节产生根本性的影响。从岗位设置角度来说，岗位推出、岗位定位、岗位发展，每一环节也有其关键点。理清某一环节上的"节点行为或事件"，通过有目的的改善，可以提高岗位的吸引力。

5. 不断提升岗位的适配性

节点的分析与应用不是一次性的。随着环境的变化，企业的行为在变，员工的心态也在变，企业需要适时地对关键节点进行调整，即需要根据内容的变化，对岗位进行必要的调整，不断提升岗位的适配性。企业管理者要知道，100%的完美是不存在的，不要指望一次的调整就能满足所有人、适应所有人。

6.形成岗位体系

每一个岗位看似独立，但并不是完全独立的，它们都依存于企业的岗位体系之中。人才梯队的建设、任职资格的搭建等专业管理手段，都可以为企业提供一整套的岗位序列。这套序列对员工而言，最大的好处在于，不仅可以明确岗位的特点，还能让员工尽早地发现适合自己的岗位。

总的来说，所谓岗位的营销思维，是变被动为主动的一种尝试。依靠企业来给岗位找适合的员工，工作量会非常大。但如果是让每个员工找寻自己对应的岗位，工作量不仅小，效率也会成倍地提高。

1.6 搞懂90后员工需求，给他"权利"

朋友家的女儿是90后，在一家主播公司做编辑两年了，她的主要工作是为脱口秀演员写剧本。每周一公司都要开选题会，在会上，她要把构思解释给组里的每一个人。编导、运营每个岗位都有资格评判她的构思，所有人都可以对她说"不行"。

每次开会她的构思都像开场白，她说完之后，大家开始发表各自的看法。每个人都自顾自地谈天说地，最后却毫无结果，全然不顾是否可行。等到好不容易把一切细节都敲定，出来的稿子又被改了又改，弄得面目全非，最后呈现出来的结果，可想而知不可能是"爆款"。

公司高层对成果不满意，一时兴起，又要改拍微电影；一拍脑袋，又要改成人物微纪录片。决策层就像无头苍蝇一样乱飞乱撞，下面的人自然也备受折磨。苦熬两年的她，丝毫看不到创作的自由，最后还是辞职了。

事后，她对家里人说，没有自由，她没法快乐地活着，想着换一种活法，给自己更多选择的"权利"。

90后正在成为职场主力，他们极具个性，追求自由洒脱。90后的员工和管理者的关系非常微妙，管理者似乎不管怎么努力，用多贴近年轻人的方式接触他们、管理他们，年轻人还是觉得"领导根本不懂我"。所以，管理者要用好90后，需要注意以下四个方面，见图1-7。

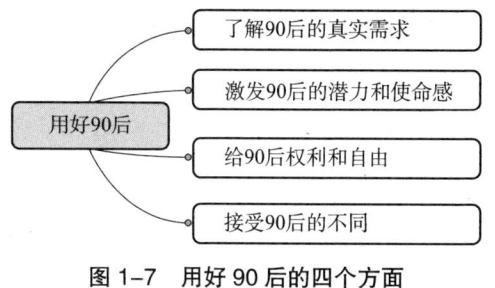

图 1-7 用好 90 后的四个方面

1. 了解 90 后的真实需求

90 后不同于老一辈人,他们更关注自己的兴趣和体验感。因此,企业可以为其创造一些体验的机会。通过人文关怀和情感关怀,让 90 后员工感受到企业的温暖,继而对企业产生好感,稳定他们的心。另外,管理者还需要向 90 后员工讲清楚企业能为他们做什么,为什么企业是适合他们发展的地方。

在具体落实时,可以在了解 90 后员工想法的前提下,邀请公司高层管理者,结合自身在企业的成长和企业发展史,对员工感兴趣的内容进行宣传,以此来吸引 90 后员工在公司的岗位上沉淀下去,做出贡献。毕竟每个人都希望与优秀的人一起工作,尤其是对未来充满了期待的年轻人,他们渴望能够从前辈那里获得专业的指导。

2. 激发 90 后的潜力和使命感

管理学大师彼得·德鲁克曾说:"生存已经不够了,工作是为了更有意义地生活。"这话放在这些年轻人身上再合适不过。管理者在安排 90 后员工工作的时候,要让他们感到工作有意义,让他们获得一种从事重要工作、实现自己使命的自豪感。这些心理需求,实际上和企业支付给他们的工资同样重要,甚至更为重要。

管理者要确保 90 后员工有这样一种感觉,即在实现组织目标的过程中扮演了恰如其分的重要角色。这样,才能激励他们致力于组织目标的实现，并让他们觉得这些目标值得他们去实现。

例如，在谷歌，职位本身可以给到员工有趣的工作内容、欢乐随性的工作环境、丰富多彩的五星级大餐、弹性自由的工作时间、扁平的组织架构、开放的企业文化等。在自我实现层面，"做很酷的事，改变世界"这一句口号深入人心，员工能感觉到自己在做很酷的事，感觉自己也很酷，并且在改变世界的过程中实现了自我的价值。

3. 给 90 后权利和自由

抖音这个爆款 APP，最初是由一群实习生和刚毕业的"菜鸟"拼凑起来的临时团队开发的。公司看到了这款软件的潜力，放手让他们去做，给了他们充分的试错空间。这充分说明 90 后想要做成事情，就需要公司给他们权利。公司要激发其内在动力，去实现自我，从而获得成就感。

激发 90 后内心的向上力量，让他们有自由决定权，并充分相信他们的判断，这是管理者需要具备的"放养式"管理思维。放权即责任，放养就是把责权交到他们手上，激发其主人翁意识。在明确岗位的前提下，工作的高自由度化意味着没有过多的条条框框，只要 90 后对自己的工作和目标有着清晰的认知，就能自由地开展工作，实现自身价值。

4. 接受 90 后的不同

管理者要从内心接受 90 后的多变和独特性，给予他们自由和信任，同时也赋予他们新的责任。90 后内心的价值观，是自我实现和追求幸福，而不是世俗的"成功"。每个人自有其工作方法，重要的是找到适合自己的并坚持下去。90 后敢想、敢拼、敢为，并不是传统意义上"听话乖巧"的员工。

接受 90 后的不同，给予足够的权利和自由，不是失了规矩、没了方圆，而是希望以此能够大大激发 90 后的自驱力，追求更高的目标。

1.7 摸清95后主力军喜好,让他"自由发挥"

2018年9月Linkedin发布的《第一份工作趋势洞察》中的数据显示,不同年龄层次的员工第一份工作平均在职时间,70后超过4年,80后是3年半,而90后骤减到19个月,95后更是仅仅在职7个月就会选择离职。"冬天太冷,起不来,先冬眠",这封被奉为"史上最具共鸣"的辞职信,出自95后。这位95后,2020年因为疫情期间不能开空调而离职。

朋友公司的一位95后,也是2020年疫情期间选择了辞职。原因也很简单,他讨厌公司经常将"合作、创新"等理念挂在嘴边,抱怨"公司天天搞这些表面化的陈词滥调,好土啊"。

在部分95后看来,不是企业提供岗位给他们,而是他们在帮企业填补用人需求,给企业创造效益和价值。这种观念的转变,导致遵循着老思想成长起来的管理者很难对他们进行管理。因此,在对待95后的管理上,管理者要明白他们究竟要的是什么,给到他们足够的自由发挥空间。

代际变短、价值观多元化的95后,逐渐成为继90后的职场主力军。他们所求已经不仅仅是不错的薪资福利、合适的工作岗位。某招聘网站对求职人群的调查显示,95后员工认为工作的主要目的是实现理想、展现个人价值、满足个人兴趣。

95后崇尚展现自我,成就自我,主张个性独立,渴望标新立异,反感千篇一律。他们不喜欢上纲上线,不喜欢"口号鸡汤式"的企业文化,讨厌领导者给他们画饼。注重实效,才是他们关注的落脚点,他们只关注实实在在的好处。

在这些变化的启发下，管理者要站在95后员工的立场思考问题，学会与95后和平相处，建立高效沟通的渠道，让他们能够把团队目标落地执行，点燃他们内心的"星星之火"。

我们公司一直流传着一个小故事。一位95后当选年度销售冠军，在总经理亲自为他颁发奖金后，这位销售顾问当即就将奖金退还给了总经理，并说："奖金我不要了，奖励我上班不打卡，行吗？"

95后不认为某些事情专家就一定能全部掌握。即便自己作为晚辈，跟任何人的对话方式也是一致的，包括管理者在内。95后一直以来追求的都是"摆脱控制"和"平等对话"，他们自主的需求非常强烈，渴望掌握自己的时间和空间。他们会给自己划出一块自留地，按照自己的节奏来工作。他们希望得到一些权利，又不完全是觊觎管理者的位置。他们为了得到自己想要的，同样愿意付出自己的努力。

因此，企业的管理者要想让95后发挥作用，就必须发自内心地尊重95后，肯定他们的需求。具体来说，可以从以下三个方面去做，见图1-8。

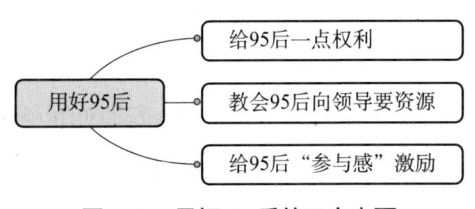

图1-8 用好95后的三个方面

1. 给95后一点权利

作为管理者，不能用传统的管理方法去压制95后，而是要根据95后的特点调整工作方法，灵活激发他们的创造力。

刚参加工作的95后，最大的苦恼可能不是加班，而是不会合作。例如，无法从其他同事那里获得必要的支持。这时，为了帮助他们完成任务，管理者就需要明确告诉他们：这项工作为什么重要、为什么紧急，谁在等待结果以及为了让他们圆满且快速地完成工作，可以给他们哪些必要的权利。

2. 教会95后向领导要资源

很多管理者抱怨95后要求太多，想要按时下班、想要工作开心。可当管理者在抱怨的时候，却未曾想到，当一个95后向自己提出要求时，正是与他们公平交换的好时机——我可以给你权利，但你必须拿出成绩。

例如，一个95后向领导提出：领导，我任何时间都不想加班。领导可以这样说：我同意，但有一个前提，你在上班时间内，不能做任何与工作无关的事，必须确保工作的8小时是全心全意的。如果我发现你在偷懒，那么我不仅会收回权利，还会对你进行惩罚。

3. 给95后"参与感"激励

适合95后的组织环境不能缺少"参与感"。管理者可以利用这一点，让"参与感"成为一种正向激励。邀请95后列席公司的会议，听取他们的意见。为95后创造和公司高层直接沟通的机会，这对他们来说也是一种认可和激励，能为他们创造表现机会。尤其是一些创新的内容，如公司出台的新政策、研发的新产品，95后特有的敏感度一定可以发挥作用。

对95后而言，如果一份工作不能让其发挥价值，那这份工作简直就是对生命的浪费。管理不是管，而是驱动，95后作为未来职场的主力军，管理者需要运用合理的管理方法去驱动他们。

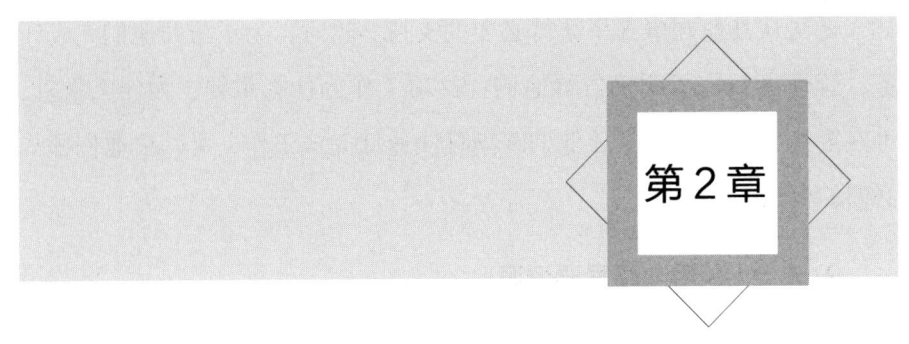

第 2 章

用人不拘一格

2.1 人才皆有长短，用其长也容其短

在我们的印象里，负责招聘的人肯定都得能说会道，毕竟他们每天都需要面对不同的人。可我们公司有个负责招聘的 HR，就是个"闷葫芦"，一整天也不在交流群里说一句话。但就是这样一个人，却和我们相处得极为融洽。领导对他的评价也非常高。

刚来公司时，同事对他的印象并不好。作为招聘人员，怎么能如此内向？可进来后的第一个月，大家对他的印象就大为改观。他负责跟踪管理的招聘表单，做得非常完美，考虑到了方方面面。不论领导想要看什么数据，他都可以立刻展示出来。原来，他擅长的不是面对面的招聘，而是招聘数据的整理与分析。

他的存在让招聘工作的基础特别牢固。其他负责招聘的 HR 专心招人即可，再也不用去操心自己每天的报表统计了。领导对此很是满意，招聘团队因为他的加入更加完美了。

时至今日，他还在公司里做招聘工作。为了锻炼他的能力，领导也会特意安排一些招人方面的工作给他,他也乐于接受。这件事,每当我在给咨询企业领导讲课的时候,就会拿出来说一说。我只是想让他们知道,尺有所短,寸有所长。作为管理者,要用好员工的长处,同时不讨厌他的短处。

具体而言,作为企业管理者,要从如下三个角度做到"用其长,容其短",见图2-1。

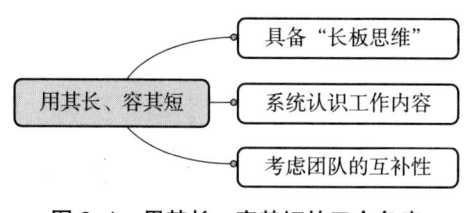

图2-1 用其长、容其短的三个角度

1.具备"长板思维"

为什么我们会如此执着于别人的短处?其实这并非我们故意为之,而是人类的习惯所决定:大家会自然地忽略随处可见的事物,反而会对那些个别点投去关注的眼光。如一张白纸,有人在上面点了一个黑点,我们注意到的一定是那个黑点,而不是整张白纸。同样,当招聘工作被大家习惯性地理解为"通过交流招聘到合适的人"时,一个不善于交流的人,自然会被看作异类。可是,像我说到的那位HR,他的"白纸"是强悍的表格处理能力,而不善于沟通只不过是他的一个"黑点"。

我们常说,一个人的短板决定了他能走多远。可长板理论却告诉我们,决定他能走多远的因素不是短板而是长板——我们只需要把桶倾斜过来,让里面的水尽量往长板所在处存放即可(图2-2)。

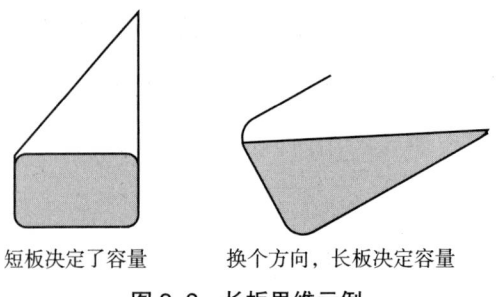

短板决定了容量　　换个方向，长板决定容量

图 2-2　长板思维示例

2. 系统认识工作内容

回归到问题本身，领导敢使用一个短板与岗位特性明显相悖的员工，是因为他深知招聘工作的各个环节。在大家看来，作为招聘 HR，只要能招到合适的人，就非常不错。可是，少有人去考虑，提高招聘系统管控工作，可以从侧面提高招聘的工作效率。这种思维本身就体现出领导的能力。只有站得高、看得远，以俯瞰的视角全盘考虑某项工作的各个环节，让它们能够有机地结合，才能提高整体的工作效率。

本身来说，用人之长，容其之短，并不是刻意而为之，而是因为管理者知道，员工的短板对工作并不产生负面的影响。短处能得到弥补当然更好，可若弥补不来，能将长处得到充分的发挥，也是一件可喜的事。

3. 考虑团队的互补性

当然，既然能用其长、容其短，前提条件必然是有其他人选能够弥补这一短处。如果团队所有成员完全不具备互补性——长处相同，短处一致，那么这种"容其短"就不具备实用性。招聘团队可以有一个人特别擅长表格跟踪管理，但若所有人都擅长这点，没人擅长招聘，与所有人都擅长招聘，但不会表格管理又有什么区别呢？招聘的核心还是在于招人，表格管理只是锦上添花的事。所以，管理者在"容其短"的时候，还要对事项的重点、次重点有一个清晰的认识。

团队的互补性，源头在人员的选择上。所以，我们才需要先把合适的人放到合适的位置上。若发现大家的特性同质化非常严重，就需要考虑成员的重新组合，把不同人员的长处与短处罗列出来，进行配对，再来考虑把他们组合成新的团队。在相互间优势的互补下，短板的存在也就无足轻重了，见图2-3。

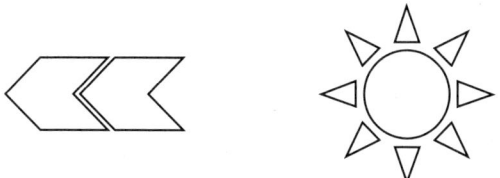

同质化严重，只朝一个方向发力　　互补，各个方向均可发力

图2-3　团队互补性示例

另外，基于这种组合，还能够让短板得到改善。大家都是精挑细选出来的人才，学习力绝非一般，潜移默化中，自然也会得到点滴启发，无形中改善自我、提升自我。

所谓管理，不是直接运用一群各方面都很优秀的人，而是懂得怎样让一群存在短板的人相互组合，发挥出"1+1>2"的效果。并且，在此过程中，让他们自身都能成长得更加优秀。

2.2 用人可以疑，疑人也要用

我曾经在一家设备公司工作过，当时的营销总监全权负责公司的销售工作。营销总监当时新来不久，便陆陆续续招了一些他以前的下属来任职。作为人力资源经理，我曾经提醒过老板，营销总监这样培植自己的势力，可能会给公司带来威胁，但老板认为用人不疑、疑人不用，营销总监招自己的人，合作起来比较顺手，也就没有过多干预。

两年以后，也许是老板最初的承诺没有兑现，又或许是其他原因，那位营销总监突然提出离职，并且把手下的人也都一并带走了，这给公司的业务造成了非常大的冲击，老板对当初的用人理念懊悔不已。

"用人不疑，疑人不用"，这句老话其实误导了很多的管理者。公司本就是个利益组织，每个人都会或多或少遇到利益上的考验。我们在新闻中经常能够看到，某某企业员工挪用公款造成巨额亏空的案例。如果仅仅因为信任一个人，就丝毫不给他的工作设立监督机制，那么这样的管理者更多的是在给自己找"偷懒"的借口。

所谓，慈不掌兵。好人做不了老板，管理者必须千方百计地维持个人利益和公司利益的平衡，并懂得用唯物辩证的方法识人用人。"用人可以疑，疑人也要用"，这个主张包括两层意思：其一，管理者对手下的员工不能全信，要建立监督机制，不能只是打感情牌，而是用数字说话；其二，管理者即使知道某位下属有些毛病，但只要对公司的整体发展有利，不影响大局，也可大胆起用。

1. 用人可以疑

"经济人"的人性假设理论告诉我们，人都是自私的。每个人的自我约束能力不一样，人心易变，很多时候靠不住，靠得住的只能是制度。制度是无情的，制度代表着警告和规则。职场上人与人之间合作共事，有了制度才能互信，彼此在规则的框架内合作才能共赢。

懂欧美法系的人能更好地理解这一点。欧美一些国家在制定法律时，首先会把一个人假定为十恶不赦之徒，然后逐条加以规定：触犯了这条该怎么办，触犯了另一条又该怎么办，把每一个方面都写得一清二楚，这就是"用人要疑"的典型表现。所谓"饱带干粮，晴带雨伞"，虽然现在看来清清白白没有任何问题，但要先把人以后变坏的任何可能性都想到。"用人要疑"用在管理上，就是在用人时，要本着对企业、对个人负责的态度，把可能产生的风险先考虑清楚，绝不能因为信任而不监管。

2. 疑人也要用

人无完人，不可避免地存在缺点，只要他的缺点并不造成多大的影响，同时又有特别的闪光点，那完全可以大胆任用。管理者用人时不能只凭自己的好恶，而是应公正地给予下属机会。

在管理实践中，如果管理者喜欢某个下属，那他就会充满激情，业务发展得很快。反之，如果管理者非常讨厌某个下属，那他很可能消极懈怠，业绩出现下滑。实际上，一个真正厉害的领导，不在于培养了多少他喜欢的下属，而在于有没有带出一些他不怎么喜欢却能成事的下属。

所以，"疑人也要用"意味着领导需要公私分明。自己的好恶是一回事，公司的整体利益是另一回事。只要某个员工符合公司发展的需要，即使自己不喜欢，也要敢于任用，还要用得顺手，这才是一个成熟的管理者应有的气度和胸襟。

要践行"用人可以疑，疑人也要用"的理念，管理者可以从以下四个方面入手，见图2-4。

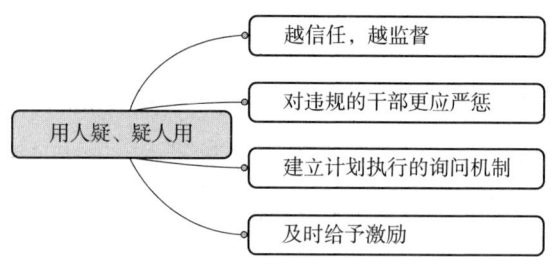

图 2-4 用人疑、疑人用的四个方面

1. 越信任,越监督

越是信任就越会委以重任,越是委以重任就意味着这件事会影响全局,所以必须要有相应的监督检查。监督和信任不冲突,监督是为事情负责,要在企业中建立起监督的文化。

2. 对违规的干部更应严惩

不少公司存在这样的现象:在员工层面制度执行很严,处罚很重,但对领导干部却放得很松,这是在损害管理者的权威。制度执行的时候,一定要强调"先打老虎、再拍苍蝇"的原则。管理者违规了,更需要严惩。

3. 建立计划执行的询问机制

公司的重大决策和目标计划必须得到有效管控,尤其是成长型公司。如召开周例会,询问上一周的计划推进到什么程度,产生了什么结果,而不是等到月底再来考核。

4. 及时给予激励

员工如果对目标计划执行得好,管理者就需要及时给予反馈和激励,即使这名员工尚存在某些方面的不足,也应给他足够的时间和空间,让他"生根""发芽",开出属于自己的一朵花来。

2.3 敢于任用比自己强的人

我的一个朋友是人力资源部的负责人，可是公司却给她分配了一个专业经验比她丰富的老员工。她以为公司质疑她的工作能力，故意调配一个比她强的人来取代她。带着这样的疑问，她找了一个合适的机会，向老总吐露了自己的想法。

老总给她的答复是"你更适合做领导"。事实也证明，的确是这样。我的这位朋友工作冲劲比较足，公司正在实行组织变革，需要一个冲劲更足的人冲在前面。她的组织协调能力也更强，做部门领导，并不是要求专业上有多强，而是要去协调很多事情。而那位老员工，显然更适合做自己分内的事情。

很多管理者会不自觉地排斥那些比自己能力强的人，担心能力出众的下属会让自己相形见绌。该不该任用比自己强的人，这个问题需要从两个维度来考虑：一方面，如果这个人的能力过高，有一定的战略眼光，可目前岗位只需要一个把基础工作做好的人，那么他的加入就会大材小用，甚至会影响整个团队的士气，此种情况不任用就是好事。另一方面，如果管理者只是担心任用比自己能力强的人，导致自己被替代，那么就有点公私不分了。职场是一个多维度的综合竞争，不可能只比工作技能这一点。同时，管理者也要明白，自己不是在跟某一个人竞争，而是在和很多同行竞争。

即便是任用能力强的下属，是否超越管理者并不重要，重要的是他们能不能给团队带来价值。要想获得成功，管理者身边就需要有一批满足团队成长要求、能助力团队走向成功的优秀人才。

不任用比管理者能力强的员工有多可怕？"哈利规则"（由桑普尔在《卓越领导的思维方式》中提出，指人们总会雇佣不高于自己能力的人）提到，如果最高领导者的综合能力只有90%，那么他将雇用相当于自己能力90%的人，即这些人的绝对能力为81%。依次类推，到了企业第四层，雇员的综合能力绝对值只有43%（图2-5）。显然，一个领导如果不能任用比自己能力强的人，那么整个团队的综合能力将会直线下降。所以，领导要敢于任用比自己能力强的人。

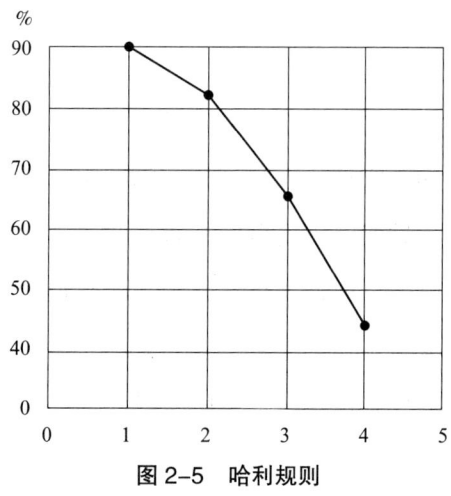

图 2-5　哈利规则

松下幸之助曾被问到这样一个问题："成为经营者的条件是什么？"他回答："经营者善用比自己能力优秀的、和自己天分不一样的人才。"领导者的价值不在于他个人能力有多强，而在于他能够带领有能力的下属来完成团队目标。

美国第二任总统约翰·亚当斯接任总统时，美国与法国关系非常紧张，他意识到美国要想打胜仗，就必须有一位出色的统帅。他的亲信都劝他亲自统率军队，但他深知自己的军事才能一般，只有华盛顿能担当重任，于是他毫不犹豫地邀请了华盛顿。约翰·亚当斯认为，真正出色的领导者绝非要事必躬亲，而是要知人善任，特别是敢于任用比自己更优秀的人才。

《福布斯》杂志在总结乔布斯的管理经验时说：如果你是一流人才，你就会起用超一流的，因为你希望得到最佳的结果。IBM的企业文化中有一条：对于公司，最重要的是尊重员工，要接纳自己的部下，关心他们、帮助他们、称赞他们。因此，以能服众不如以德服众，学会用道德品质来吸引下属，让下属产生信赖与尊重，是管理者运用好能力强下属的必备条件。

所谓"宰相肚里能撑船"，管理者要提升自己的品质，可以朝着以下四个方面去努力，见图2-6。

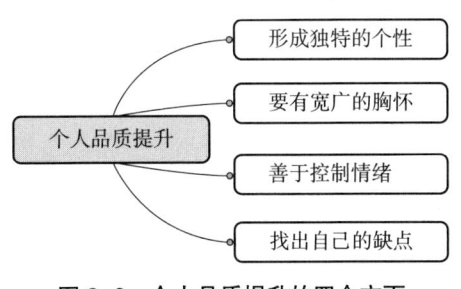

图2-6　个人品质提升的四个方面

1. 形成独特的个性

作为管理者，要培养自己的人格魅力，就必须有自己独特的个性。个性是什么？就是能让下属认同、佩服的地方，贵精不贵多。

2. 要有宽广的胸怀

优秀的管理者必须具有宽广的心胸，豁达、虚心地接受一切，不受外在事物的影响。

3. 善于控制情绪

作为管理者，一定要时刻控制好自己的情绪，要做到"喜怒不形于色"，始终以一种平和、冷静的态度与情绪面对周围的人和事。

4. 找出自己的缺点

不断地进行自我反思，找出缺点并加以改正，逐步使自己更富有魅力。

领导力大师约翰·麦克斯韦尔博士曾说，"一位领导者的职责不是无所不知，而是能够把那些能'知你所不知'的人才吸引到麾下"。总的来说，任用能力强员工的管理者，要具备驾驭下属的能力，让他们力往一处用，劲往一处使。

2.4 不论资排辈，用人"能上能下"

在华为的人才管理中，有一句话叫作"烧不死的鸟是凤凰"，这句话最早是用来形容曾经的市场部总裁毛江生。

1996年，华为发生了一件震惊业界的大事——市场部集体大辞职。所有办事处主任以上的干部，被公司要求提交两份报告：辞职报告和述职报告。这些干部要以竞聘的方式进行答辩，公司根据其表现、发展潜力和需要进行选用。在这场干部"能上能下"的大改革中，意味着有近1/3的原干部将被替换掉。当时，华为市场部的总裁毛江生也被裁下来了。他带头发表了去职宣言，这意味着他在华为近10年的奋斗，一夜之间化为乌有。

从高级干部突然被降为普通员工，这对任何人来说都是一次巨大的打击，当然毛江生也不例外。但是，经过短暂的心理挣扎之后，毛江生调整了心态，他没有畏缩，反而将此化为动力，重新审视自己的不足，无论是从思路上还是工作方式上，都做了极大的转变。经过四年的历练，已经脱胎换骨的毛江生在2000年被任命为华为的执行副总裁。因此，华为人都称他为"毛凤凰"，也有了那句"烧不死的鸟是凤凰"。

这个著名的市场部集体辞职事件，其背后所蕴藏的就是不论资排辈、"能上能下"的用人策略。管理的本质是通过良好的机制，让员工有更好地实现价值的环境。尤其对企业的管理者来说，岗位要能上能下，工作要能左能右，人员要能进能出，薪资要能升能降。

管理者如同麦苗，团队如同土壤，人力资源用人机制如同耕耘，好的土壤经过好的耕耘自然就能长出好的麦苗。一支具有优良传统的人才队伍，离不开培育精英的土壤。这些精英的出现，往往是集体形式的，而非个体形式的。理由很简单，他们受到同样环境的影响，养成了同样的性格与气质。

比如我们公司曾经推行过的干部竞聘制，就是"能者上、平者让、庸者下"，多年来帮公司培养了不少优秀的年轻管理者。竞聘制与蕴含人情、暗箱操作的任命制相比，更能有效激发员工尤其是90后年轻员工勤奋努力、争创佳绩的热情，使企业形成人人努力、个个争先的良好氛围。

竞聘制有四个原则，见表2-1。

表2-1 竞聘制的四个原则

原则	内涵
公开	竞聘的全过程要在企业内部公开
公平	机会和规则面前人人平等，避免人为特权
公正	竞聘的程序要符合客观逻辑性，调查或评价时要实事求是
择优	根据竞聘岗位的胜任标准全面考核，认真比较，谨慎筛选，择优录取

公司选拔管理者时，主要考察以下四个方面，见图2-7。

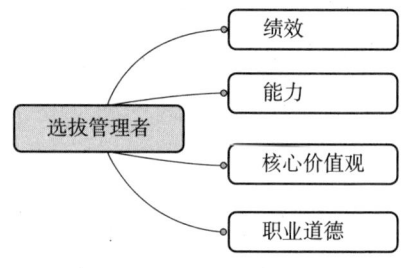

图2-7 选拔管理者时考察的四个方面

1. 绩效

这是"能上能下"原则的必要条件，如果绩效不达标，就无法进入管理者选拔的通道。我们公司规定绩效必须排名前25%，才有可能进入更高层级的管理岗位。并且，每年对同一层级的管理者按绩效排名，处于末10%的将会被替换，这就给予了在职管理者无形的压力。

2. 能力

针对不同层级，需要考察其主要能力。高层管理者强调决策能力，如果战略方向错了，会直接影响整个公司的绩效。中层管理者更强调理解力，因为其连接战略和执行。对于基层管理者，则强调执行力，如果基层执行出了问题，所有的战略都是空中楼阁。

3. 核心价值观

在许多公司，员工只要绩效突出就可以提拔，但我们公司的用人理念是与企业共同成长，着眼未来，管理者一定要能传承和践行公司的核心价值观。例如，我们在非洲新设立了一个办事处，需要外派人员，但如果有人觉得条件艰苦不愿去，那就不适合做管理者。

4. 职业道德

职业道德是用人的底线。例如，如果后备人选违反了公司的商业行为准则，牟取不正当利益，那么就一票否决，直接取消其竞聘资格。又或者，某个在职的管理者存在廉洁风险，那么公司会组织审计、人力资源等部门对事件进行调查，问题属实的，就会把他从岗位上撤下来。

在实际工作中，要做到用人"能上能下"并不容易。有些管理者认为，只要不背离原则，不违法乱纪，即使下属能力差一些，也要给个位置，以便平衡各种矛盾。另有一些管理者则受个人情感的羁绊，对组织内一些资历深、任职久、感情好的亲信、老乡迁就照顾，宽容放纵，即使责任心退化、使命感弱化，也拉不下脸来降职或免职。其实，只要从维护企业的利益出发，而非以惩戒他人为目的，就可以说是正确的选择，没什么感到为难的。

现代组织就是"铁打的营盘流水的兵"，而这个"兵"，也包括管理者本人。不论管理者本人有多大的"战功"，也不论是多么高级的"将领"，全部"能上能下"，拿起行囊，组织安排去哪儿就立马去哪儿。这也是华为、阿里巴巴能做到如此成功的重要原因。

阿里巴巴刚发展起来的时候，靠的是马云的个人魅力，如撤换当时的"淘宝之父"孙彤宇。而到后面，这种组织迭代也制度化了，"十八罗汉"集体辞去创始人身份，以合伙人机制取而代之。企业用人的本质不在于"我是什么样"，而是"组织需要我是什么样"。但凡高速发展的企业大都如此，无论干部还是普通员工，与其被动地改变，不如主动去适应。

2.5 一技之长胜过一纸文凭

支付宝是大家耳熟能详的一款软件。支付宝每日进出的流水非常庞大。资金流越大,越是容易引起不法分子的关注。可是,我们并没有听到任何关于支付宝金融系统的负面消息。大家都说,这有赖于一个叫作吴翰清的人。

2005 年,刚满 20 岁的吴翰清,在朋友的推荐下去阿里面试。虽然是西安交大少年班的学生,但这个光环显然入不了面试官的眼。看到吴翰清年纪轻轻,还未毕业,也没有工作经验,便问他:"你怎么证明自己的网络安全技术水平?"

吴翰清也不着急,借来面试官的电脑,只用了 3 分钟,就远程把阿里内网上一台游戏运营商的路由设备给关闭了。面试官惊讶不已,把这个情况告知了马云。随后,阿里以 500 万元年薪的标准,聘请了这个年轻的小伙子。至今,阿里旗下的所有网络安全防护工作,包括阿里巴巴、淘宝、天猫、阿里云等,都有吴翰清和他团队的身影。

在"以能力说话"的用人理念上,马云无疑是一位先行者。现在很多公司却在"以学历说话"。管理者认为,如果你没有学历,凭什么说自己很有能力?企业想要谋求长远的发展,有一批高学历层次的人,确实很有必要,可在考虑学历的同时,还需要意识到,凡事都有例外,不能搞"一刀切"。有时,员工有一技之长,就是比一纸文凭要更切合实际。

在学历和能力的衡量上,管理者不能一味地倾向于某一方面,而应该具备一种理性的思考逻辑,分清主次。学历和能力权衡思考的步骤见图 2-8。

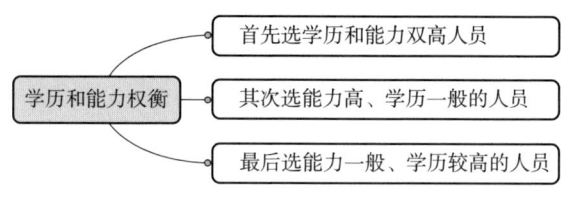

图 2-8 学历和能力权衡思考的步骤

1. 学历和能力双高

这种情况自然是管理者最喜欢看到的。但从实际情况来说,能找到此类员工的概率并不高。我们大可以把员工的学历和能力,作为相互影响的两个筛选维度来考虑(图 2-9)。高学历和高能力的员工属于右上角员工,我们可以定义他们为"明星员工"。按照二八定律,明星员工只占所有员工的 20%,甚至更少。所以,企业想要人人都是明星员工,显然不可能实现。

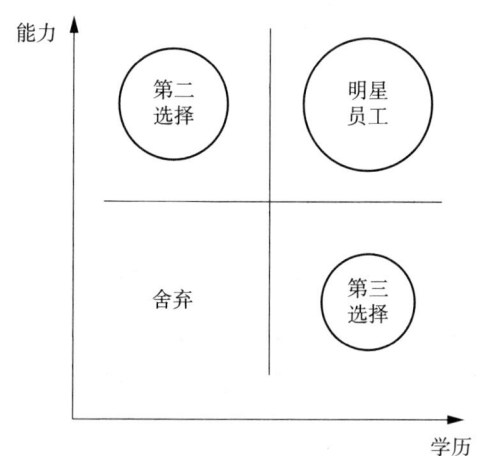

图 2-9 学历和能力的四象限图

2. 能力高,学历一般

既然做不到"双高",那至少有一样是需要达标的,那就是能力。我可以跟大家分享一个故事。

我们公司曾经做了一次内部竞聘,要从五个候选人中挑选出一个担任科室经理。最终,一位双一流大学毕业,在公司工作了近十年的员工脱颖而出。该科室的直属领导原本是想选另一位候选人的,可他在学历上很吃亏,只有大专学历,得不到公司高层领导的认可。而这位竞选出来的新人,学历高,在工作展望上也分析得头头是道,领导甚至略带惋惜地说"为什么没有早点发现他呢"。

可半年后,这位被寄予厚望的新任经理被领导撤职了,因为他除了学历和夸夸其谈,实际工作成绩一塌糊涂。实际上,认真思考就会发现一个问题:如果真的如此优秀,为什么会在公司沉寂近十年?可惜的是,那位原本适合的落选者,在看到发展无望之后,选择了离开。

撇开各种例子不谈,仅做理性的分析,我们也可以明白优先选择能力的重要性。企业存在的目的,是赚取更多的利润,让企业发展得更好。很显然,更好企业的前提是企业有能力,而企业能力来自员工能力的集合。这并非学历能够带来的改变,相反,正是因为员工有能力,才可能有更好的学历。那为什么有些人就是"高分低能"呢?这句话的正确解释应该是,此类人就擅长读书,而不具备工作中所需要的能力。

3. 能力一般,学历较高

如果能力和学历都不算突出,那么,优先选择学历,对企业来说胜算更大。这和前面说的并不矛盾。我们都希望优先选到能力高、学历高的员工,其次是学历一般但能力高的员工,当它们都无法实现时,就又回到了以学历为主的选择上。

这是因为,在没有出现质的变化之前,学历确实代表着能力。例如,同样是基础的客服岗位,在很大程度上,一名大专毕业生的综合表现会比一名小学毕业生要好。排除在外的特例,就是发生了质变的那一类。

既然还未达到质变，学习能力强的人在其他方面也会比较强，而学历在此处起到了最大的作用。只有人跨过了学历，在能力上达到质变后，对他的判断才发生了根本性的转变。学历和能力的判断见图2-10。

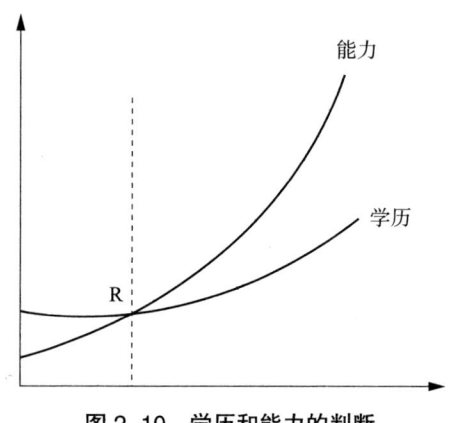

图 2-10　学历和能力的判断

注：在能力与学历的交点R之前，首选学历，之后首选能力。

2.6 巧妙征服"偏才"

还记得我在本章第 1 节说的那位特别擅长做表的同事吗？不同于我们对招聘工作的一般理解，他不擅长搜寻潜在的合适候选人，但对招聘的管理跟踪工作却独有一手。在我看来，他就属于"偏才"那一类。

何谓"偏才"？即某一方面特别好，但其他方面并不出众，甚至平平无奇之人。会使用的管理者，能够让他们发挥出意想不到的作用。懂得使用好"偏才"，本身就是管理者能力体现的一方面。

想要用好"偏才"，管理者至少需要做到以下三点，见图 2-11。

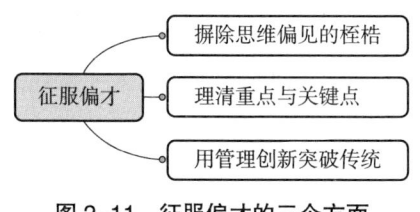

图 2-11 征服偏才的三个方面

1. 摒除思维偏见的桎梏

"偏才"不是指领导个人偏向的人才，而是指某方面工作能力特别强的人才。在管理实践中，很多管理者会在用人上存在喜好偏向，他所选择的人员都带有类似的能力倾向，也就容易出现我们常说的同质化，这在管理上是很致命的错误。看似"运用得更顺手"，实际却是以放弃更多可能性为代价。

我们团队曾给一位销售领导做过咨询，他就职于某大型保险公司，手下团队有50多个人。他觉得团队没有斗志，希望我们找到原因并给出解决方案。经过对他的团队成员的分析，包括家庭情况、学历、个人工作能力等，我们发现，他的团队成员学历普遍不高，家庭关系都比较复杂。每个人都希望通过自己的努力尽快赚钱，于是都比较急功近利，一旦没有很快看到成绩，就容易放弃。可保险恰恰不属于短期见效的行业，员工斗志不高，也就容易理解了。

该领导认为，家庭关系复杂、想要获得话语权的人，才吃得了保险行业的苦，于是所有团队成员都属于此类人。就是这个思维偏见导致团队成员的同质化和没有斗志。随后，在我们的建议下，他开始全方位考虑团队成员配置，通过招募擅长攻克某特定行业的销售"偏才"，有效地盘活了现有资源，达到了全方位突破的目的。

2. 理清重点与关键点

在上面提到的保险团队的例子中，我们还发现，领导自身对工作的洞悉也并非十分清楚。他一直认为，他们从小企业主、个体经营户群体中获得的保险订单多，其他种类订单少，是因为其他行业的人群对保险的需求少。这是一个明显的逻辑错误，之所以少，是因为他的团队中没有攻克其他行业人群的销售人员。按照我们的建议对团队成员做出调整后，他对业绩来源的思考，明显比之前更清晰。

工作本质上是系列动作的合集，只有每一处都增强，整体才能得到质的提升。管理者在配置团队成员的时候，要懂得突出重点和关键点。重点大家谁都看得到，但关键点就未必看得清楚。若重点和关键点一致还好，可若关键点不是重点，就容易被忽略。于是，能够胜任这些关键点工作的"偏才"，自然也会被管理者所忽视。

3. 用管理创新突破传统

对"偏才"的理解有两点需要注意：第一，"偏才"并不是公司任用人员的重点，"偏才"再好，也只是个例，大部分人员都是普通人员；第二，"偏才"的"偏"，并不一定是所用之人的"偏"，也可以是管理思维的"偏"。

有一个例子很好地诠释了这一点。一家公司主营业务是车队运输，有一次，公司急需在一个月内招聘到100名熟练驾驶大货车的司机，该公司人力资源经理想了一个非常"偏"的办法，高效地完成了任务。他首先选用了一名退伍军人，任命其为车队招聘主管，然后，借由这名退伍军人的军队人脉关系，迅速在部队退伍人群里招聘到100名司机。

这种管理思维的"偏"，实际上是一种管理的创新，能够真正做到人尽其才，值得管理者学习和重视。

2.7 品质差＝不可用

对企业而言，最不能重用的不是没能力的员工，而是道德品质有问题的员工。一个人能力差可以培养，而道德品质的形成是原生家庭、生活环境对他从小到大的影响，很难改变。在道德品质有问题的员工心中，最重要的只有自己的利益。如果道德品质有问题的人成为管理核心层，不仅会影响基层员工的价值观，甚至可能改变企业的前进方向。许多大型企业在用人时，专业知识只占40%，而剩余的60%中，企业更看重的是员工如何踏实做事，以及在做事中体现出来的品质。显然相比专业知识，品质更为重要，见图2-12。

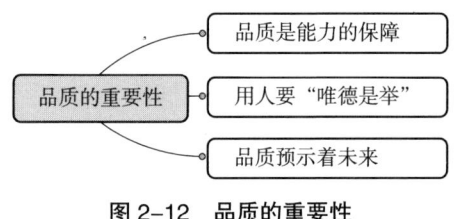

图2-12　品质的重要性

1. 品质是能力的保障

我在外面做分享时，常常讲起一个案例。一名程序员在一家软件公司干了八年，正当他得心应手时，公司倒闭了。另一家软件公司招聘程序员，待遇很不错，他信心十足地去应聘。凭着过硬的专业知识，他轻松地过了笔试关，可在面试时，考官提的问题是软件行业未来的发展方向，他从来没考虑过这方面的问题，所以回答不上来，最后被淘汰了。在面试结束之前，考官向他讲述了本企业对软件行业未来发展方向的理解。

这家公司对软件产业的理解让他耳目一新，他后来给公司写了一封感谢信："贵公司花费人力、物力，为我提供笔试、面试的机会，让我长了很多见识。感谢你们的付出，谢谢！"就这样一封简短的信，后来被送到总裁手中。总裁看到了他懂得感恩的优秀品质，以此判断出他的综合素质满足公司的用人要求。结果可想而知。事后证明，总裁的选择没有错。这名程序员凭着出色的业绩，成了公司研发的总负责人。

2. 用人要"唯德是举"

对一个人孰优孰劣的评价，不在于他的外表，也不在于他是否有过人的才华，而在于这个人是否有良好的品质。"唯德是举"应成为我们用人的科学依据。

尽管德才兼备的人是每个企业家孜孜以求的，但是这样的人毕竟很少。当只能在"德"与"才"之间选择时，选择"德"会比选择"才"要稳妥得多。如果一个有才无德的人占据了公司的重要位置，将会给公司带来毁灭性的灾难。

3. 品质预示着未来

阿里巴巴对员工的考核，50%看绩效，50%看品质。在美国，企业非常注重培养员工的"职业品质"。例如，微软在雇用员工时，列在第一位的考察标准就是职业品质。与智能水平和经验等因素相比，微软认为职业品质最为重要。"只有雇用到值得信任的员工，我们才会给予其充分的自由度。"

微软公司前副总裁李开复曾经面试过一位求职者，这个人在技术、管理方面都相当出色，但在谈话之余，他暗示如果公司录用他，他可以把在原来公司工作时的一项发明带过来。随后，这位求职者觉察到这样说不太妥当，便改口说，那些工作是他在下班之后做的，他的老板并不知道。这一番谈话之后，李开复就决定不再录用他了。

事后，李开复说："不论他的能力和工作经验怎样，我都不会录用他，这种人缺乏最起码的职业品质。如果雇用这种不讲信用的人，谁能保证他不会在微软工作一段时间后，把这里的成果也当作'业余之作'，而变成他向其他公司讨好的作品呢？"

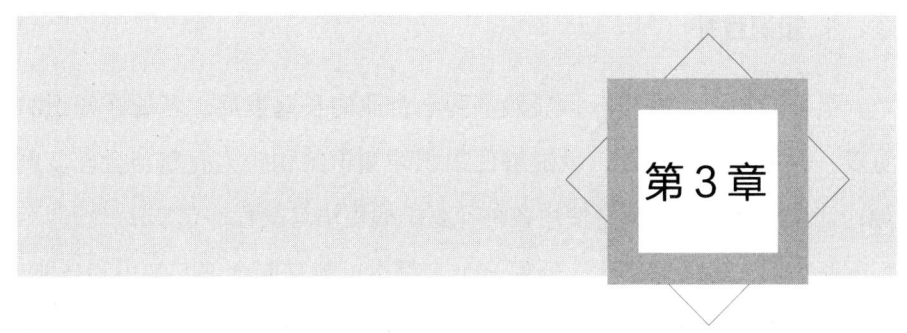

第 3 章

员工巧妙组合

3.1 员工巧妙组合,方能人尽其才

每一个个体都不能百分之百完美,他们各有优势与不足,而团队的存在就是通过相互取长补短形成最佳的组合,以发挥团队的群体优势。企业所强调的团队建设,本质上就是对互补优化理念的落地与执行。

从目前企业所采用的员工组合来看,至少有八种互补思路。见图3-1。

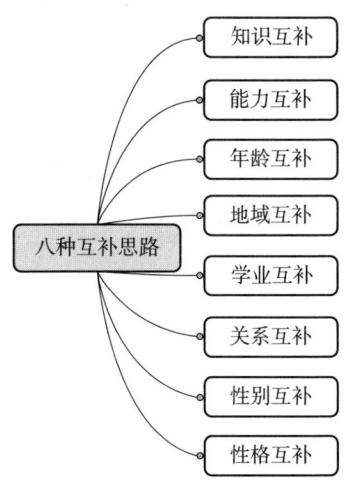

图3-1 员工组合的八种互补思路

1. 知识互补

员工的知识结构单一，显然不利于企业的长远发展。若能在知识的宽度、深度上实现互补，就能够使组织的知识结构较为完整与合理。例如，计算机行业就存在会使用各种计算机编程语言的程序员。

在知识大爆炸的时代，任何一个人都不可能掌握全部的知识和技能，都需要与不同专业的其他人通力合作。例如，许多公司的高管决策层中不仅有各类工程师，还有市场研究者；中层管理人员中有各个模块的经理人；基层一线的团队中，也有掌握着各种不同知识与技能的员工。

20世纪80年代初，地处加拿大魁北克市的加拿大电力公司推出了一个启发群体智慧解决企业问题的活动，名为"头脑风暴"。由于魁北克市地处纬度较高，常年积雪，长距离高空输电电缆被积雪重压经常导致断裂，造成大面积停电，因此电力公司请全体员工按照人员、工具、材料、方法、环境等顺序提出解决方案。最终一名员工的解决方案的成本与效果比最佳，被企业采用——用直升机在电缆上方飞过，用螺旋桨产生的风力将电缆上的积雪吹落。

近些年，"头脑风暴"在企业中非常流行，其主要的原因有两点：第一，劳动力专业化的程度不断加深。如果问题的解决是受益于不同类型的知识，那么，将不同专业的员工组合在一起讨论问题，也许能找到更好的解决办法。第二，"头脑风暴"可以保证新鲜的点子不断地补充进来。无论这些点子的质量如何，数量首先得到了保证。可见，人才结构中的这种知识互补，在企业的实际经营活动中可以产生巨大的作用。

2. 能力互补

团队成员的能力参差不齐。只有在能力类型、大小上实现互补，才能使团队的能力较为全面、合理，形成合力优势。例如，招聘团队中，有的擅长面试沟通，有的擅长做报表。

3. 年龄互补

团队成员年龄过于集中，容易造成体力、智力、经验和心理各方面的重叠。一方面，容易出现同质化造成资源的浪费；另一方面，容易造成有限资源的恶性竞争，不利于后续人才的培养，即所谓的"人员断层"现象。不同年龄层次的组合，能形成体力、智力、经验和心理的互补，同时有利于人员的新陈代谢。

年龄互补是人才梯队建设中的一个重要内容，它要求管理者按照老、中、青一定的比例，合理配置团队结构。推荐的合理年龄层次结构是5：3：2，3.3节将进一步阐述。

一般来说，上了年纪的员工经验丰富，办事稳重，威信也较高，但是精力不足，记忆力和对新事物的敏感性也有所下降，缺乏进取精神。中年员工，知识和经验积累较多，分析能力、判断能力较强，但创新能力不如年轻人。年轻员工则更有活力，记忆力、想象力较好，接受新思想、新事物快，闯劲大，但缺乏经验。

所以，为了发挥员工的整体优势，管理者可以让年老的员工扮演参谋、教练或顾问等角色，指导后辈，进行传、帮、带。中年员工则可以从事第一线的任务，如重大谈判、项目指挥等领导性工作。年轻员工则可以从事开拓性、突击性工作，如市场开发、程序设计等。一个好的团队，需要有一个比较合理的人才年龄结构，才能保持更强的战斗力。

4. 地域互补

"一方水土养一方人。"同一个地方的人会因为历史、文化、地理等因素，成长为心理、性格类似的人群，为人处世的风格极易朝一个方向发展。多选取不同地域的人员，能迸发出不一样的能量，有利于提高整体工作效率，比如多招募外地员工，或市内不同区域员工。

5. 学业互补

来自不同学校、不同专业、师承不同老师的应届毕业生，可以发挥各自的学业优势，相互补短，同时可避免"近亲繁殖"。另外，不同学历层次，比如本科生和研究生的互搭，也能发挥各自独有的作用。企业做校园招聘，不能录取太多的同一个学校学生，即便都很优秀。

6. 关系互补

团队成员都来自不同的社会圈子，都有属于自己的活动范围。企业管理者让不同圈子的人进入公司，可以形成很强的互补性，有利于发挥组织社会关系的优势。如第 2 章中提到的，选用退伍军人做货车司机招聘主管。

7. 性别互补

俗话说"男女搭配，干活不累"。团队男女比例失调，很容易造成思考问题的极端倾向。合适的性别搭配，有利于取长补短，弥补男女各自的不足，也利于员工心理的稳定。例如，很多互联网公司推出了女性"程序员鼓励师"一职。更多性别互补优势，将在 3.4 节具体阐述。

8. 性格互补

俗话说"一个神一个像，一个人一个样"。在企业中，我们常常可以看到有的人外向，有的人内向；有的人健谈，有的人寡言；有的人急躁，有的人耐心；有的人文质彬彬，有的人不拘小节……企业既要尊重每位员工的个性，使其创造性得到最大程度的发挥，又要强调团队精神，让每个团队成员协同作战，实现团队最好的整体功能。

管理者在考虑人才队伍的配置时，一定要关注员工的性格特点，形成互补，减少内耗，增强合力。例如，全是急性子的人在一起工作，就容易发生争吵，这与物理学的"同性相斥"原理极为相似。个性互补，有利于迸发出更大的能量。原女排教练袁伟民总结过这样一句话："一个队伍中十几个队员应该有自己的个性，这样打起比赛来才有声有色，如果把她们的棱角都磨光了，那么这个队也就没有希望了。"

　　团队的根本功能在于提升组织整体的业绩。强化个人的工作标准也好，帮助每一个成员更好地实现价值也好，目的都是让团队业绩大于个人业绩之和。所以，要发挥每个团队成员的特长，并注重流程，使之产生协同效应。

3.2 "互补定律"让性格互补员工配合默契

在前面两章中,我们已经提到了很多关于员工性格互补的例子。比如两人销售团队:女孩子特别外向、能说会道;男孩子一脸老实本分、十分内向。可就是这样的团队,却可以屡屡拿下客户的订单。又如,那位擅长做表,却不善于招聘沟通的男孩,他的加入让团队招聘效率有了显著的提升。

在上一节中,我们也提到了,群体成员性格太相似,容易产生矛盾与冲突。性格本无好坏之分,全在于管理者如何使用。在实施性格互补的时候,管理者需要注意两个方面,见图3-2。

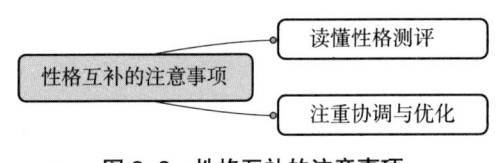

图3-2 性格互补的注意事项

1. 读懂性格测评

很多人以为性格测评分数越高越好,实则不然。我们以图3-3为例做一个解释。

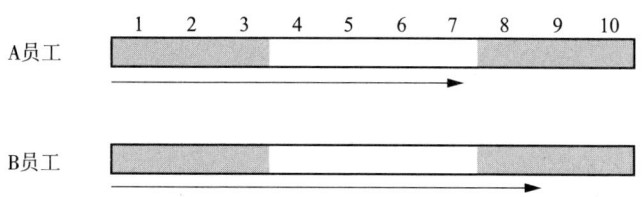

图3-3 A和B两名员工的"沟通欲望"的测评指标

注：A员工落在白色区间，性格可变；B员工落在灰色区间，性格基本不可变。但是，并不能因为B的评分比A高，就证明B的性格一定优于A，一定要结合具体情况做分析。

图3-3的"沟通欲望"指标测评总分为10分，被明显地分成了三段，1~3分和8~10分都处在灰色区间，4~7分则处在白色区间。越靠近10分，说明测试者的沟通欲望越强，越靠近1分，说明其越不愿意与人沟通。但请注意，只有当指标值落在1~3分或者8~10分时，才能判定该测试者的"沟通欲望"性格指标已经定型了。落在这两个区间段的指标，几乎不可能再做出任何改变，除非发生重大事件，导致他的整个性格发生改变。而处于4~7分的区间，则代表性格是可塑的，管理者要懂得采用合理的方式，做出定向的培养与改变。

2. 注重协调与优化

管理者只有先了解员工性格的各项指标究竟是否可变、可变的可能性有多大，才能做出最合理的成员配置。在此基础上，做好协调与优化。协调是指配置的目的是保证群体的结构与工作目标相协调、与组织总目标相协调、与企业内外环境相协调。优化是指可能存在多种情况的配置，但要在对比分析的基础上选择最优的方案，用最小的成本换取最大的效益。

3.3 调整员工年龄结构，增强团队战斗力

几年前，我曾参与过一个制造企业的管理咨询项目。那家公司由国企改制为民企，为扭转原企业人浮于事、市场竞争力低下的局面，完成改制程序后，企业管理层一直持减员增效的观点，除部分紧缺岗位外，极少招聘新人进来。老员工不断退休，新员工又少有招募。至我们咨询团队入驻时，员工的年龄结构已经整体偏高。公司满眼都是四五十岁的老员工，三十岁出头的人员很少，二十岁出头的年轻人更少。

经过多年的运作，该公司各工作岗位上几乎不再有闲人，企业效益稳步增长，人力成本也有效地降低了。管理层的做法看起来成效显著，但是随着年限的增加，该做法产生的负面效果也逐渐凸显，公司员工年龄结构不断老化，弊端也就出现了。

我们在咨询中发现，因缺少年轻员工的补充，公司整体的人际氛围沉稳有余，活力不足，员工"养老"的心态相互影响、懈怠心理普遍存在。此外，没有了新人的加入，公司不少工作岗位面临后继无人的局面。随着老员工的退休，部分岗位人力严重不足，即使想从公司内其他岗位调剂人员也很难做到。在这个缺乏年轻员工的企业中，新思想、新文化也很难被吸收，直接制约了公司的可持续发展。

人才的年龄结构对企业来说非常重要。但是，很少有企业对内部员工的年龄层次和结构进行调整。经济学家蔡昉和王德文曾在一项研究中指出："人口因素，尤其是人口年龄结构，是影响经济发展的重要因素。"

这对于企业来说，显然是一个道理。试想一下，同样的行业，平均年龄为28岁和40岁的两个企业，效率会是一样的吗？

当我们发现某家企业竞争力不足、经营效率不高时，从人力资源管理的角度来说，可能存在两方面原因：一是公司的人员年龄结构偏于老化，整体边际贡献率偏低；二是老员工的官僚作风日趋严重，对其他人产生了"挤出效应"。所以，要改变这种不利的局面，最为简单、直接的做法就是淘汰或转岗一些大龄员工、多提拔年轻人。但在一些企业内部，员工缺乏流动性，能上不能下，这样很容易形成一潭死水，企业也就失去了活力。

在员工年龄结构的调整上，华为的做法就非常值得其他企业学习。在华为，员工的"司龄"每五年清零一次，管理者与普通员工竞聘上岗。上一章提到的市场部全员辞职再上岗就属于此类。同时，华为以员工任职资格体系为核心，工资随岗位变动，而与年龄无关。换句话说，在华为，晋升机制能上能下，工资能升能降，比较富有弹性。这种做法不仅能让大龄员工重新焕发新活力，同时也给年轻人提供了成长的机会，激发其动力。

在商业环境中，市场在不断迭代，消费者也在不断换代。对于一个员工年龄结构固化的老团队而言，无论是团队工作的动力，还是对市场的敏锐度与感知力，都明显有所欠缺。所以，不断招聘新员工，淘汰不合适的老员工，可以通过年轻人对市场的敏锐度更好地拓展新业务，迎合年轻消费者的需求，也能极大地缓解团队的颓废之态，充分发挥新人加入的"鲶鱼效应"。

"鲶鱼效应"是管理上的一个术语，特指用某一个个体激活群体的一种方式。挪威人很爱吃沙丁鱼，尤其是活鱼，他们在海上捕到沙丁鱼后，如果能让鱼活着抵达渔港，卖价就会比死鱼高好几倍。可是，沙丁鱼生性懒惰，不爱运动，挪威人返航时间很长，导致很多鱼还没到渔港就死了，即便有些还活着，也奄奄一息。可奇怪的是，有一位渔民，他捕到的沙丁鱼从来没有死过，经过众人多方打探，才知道他的鱼槽里多放了一只鲶鱼。鲶鱼以鱼为主食，它的加入让那些懒惰的沙丁鱼感到害怕，为了躲避鲶鱼的追捕，就会一直游动，也就保持了活力。后来这一现象，就被延伸到了管理领域。关于"鲶鱼效应"的具体运用，我们将在第7章详细阐述。

那么在一家朝气蓬勃、充满希望的企业中，员工的年龄比例怎样才算合理呢？可参考下面的年龄层次分类比例，见表3-1。

表3-1 公司员工年龄层次分布

序号	年龄区间	占员工总数比例（%）		备注
		下限	上限	
1	≤30	60	70	
2	≤40	80	90	具体参考公司所在的行业情况
3	≤50	90	100	
4	>50	有选择地淘汰		

众所周知，最完美的国家人口比例，就是无限趋近于金字塔结构。年轻人越多，意味着未来潜在的消费能力就越强，国家未来的经济也就越有希望。对企业来说也是一样，当管理者意识到公司存在员工年龄结构的问题时，就需要及时进行调整。打造一支老中青结合、年龄结构合理的员工队伍，应该是所有优秀企业最理想的模式，那是不是就意味着，企业只需要招聘大学毕业生，或者淘汰大龄老员工就最好呢？

答案是否定的。20世纪70年代，美国得克萨斯州一家电视机厂经营不善，濒临倒闭，老板决定请日本人来接管这家工厂。日本人来到这家工厂之后，采取最重要的一招就是把以前被该工厂解雇的老工人全部招回来，重新雇用。7年后，这家工厂产品数量和质量都达到历史最高水平，美国《时代周刊》后来用很大篇幅加以称赞。

因此，对于年龄较大的老员工，管理者至少可以有两个方向的思考。第一，让他们转向内部教练，也就是管理教练，将自己的隐性知识转化为显性知识，向年轻人传授。第二，对企业内部某些专业领域的经营工作给出参考意见，以帮助企业在一定程度上降低风险，提高成果转化率。总之，管理者若能依靠老员工，用好中年员工，并重视年轻员工的培养，形成一支老中青相结合的员工队伍，那么一定能增强团队的战斗力、提高企业的效益。

3.4 善用"异性效应",男女搭配效率更高

在日常工作中,异性员工的配合,可以产生一种特殊的激发力,这种现象被称为"异性效应"。这种效应建立在男女双方自觉自愿的基础上,是一种为了促进交流、达成合作,获得愉悦感和成就感而进行的有益活动。

在只由男性或女性组成的团队中,往往会因为一些小事而产生摩擦,冲突时有发生,而"异性效应"却可以轻松避免这一弊端,成员之间更容易相互关心、相互理解。同一间办公室里,如果有异性存在,气氛也会在不知不觉间更加融洽。因为每个人在做出某个动作前,都会下意识地做出调整,以维护自己在异性面前的形象。

心理学家发现,"异性效应"在男性身上表现得尤为明显,主要是因为男性往往更喜欢通过视觉来获得女性的信息,如女性的容貌、发型、肤色、身材等。这种趋向令他们感到非常愉悦。同时,男性在女性面前有着强烈的表演欲,而表演欲和表演行为可以刺激人体分泌一种神经传导物质——多巴胺,它能使人兴奋、增强机动性,让人感到活力十足。

除此之外,异性在生理和心理上存在互补性。例如,男性力气大,女性柔韧性较强;男性胆子较大,女性比较细心;男性偏重理性,女性则偏重感性。因此,在工作中那些需要体力、偏于理性的工作主要靠男性来完成,而细致、感性的工作则更适合交由女性来完成。

作为员工组合中增强整体优势的一环,管理者若能合理运用"异性

效应"，将男女比例适当搭配，则可以达到事半功倍的效果。异性搭配的三个好处见图3-4。

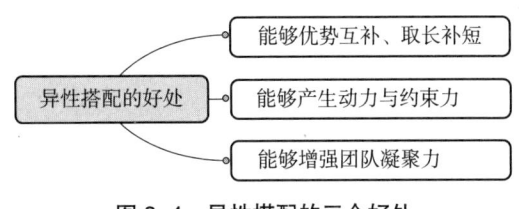

图3-4　异性搭配的三个好处

当然，"异性效应"在有利的同时也有其弊端，若越界则会带来更恶劣的影响。因此，管理者要懂得适度搭配，否则难以发挥其积极作用。异性搭配的两个注意点见图3-5。

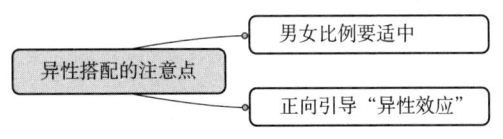

图3-5　异性搭配的注意点

1. 男女比例要适中

心理学研究发现，"万绿丛中一点红"和"众星捧月"式的男女搭配比例，都不能创造最佳的工作效率。要想提高整个团队的工作效率，女性的比例至少应该达到20%。同时，同事搭档之间的年龄最好能够相仿，否则很可能因为彼此年龄悬殊而产生代沟，不太容易合得来甚至产生矛盾。

2. 正向引导"异性效应"

管理者要正向引导"异性效应"，不能将"异性效应"简单地理解成暧昧关系，更不能将暧昧当作提高工作效率的动力。管理者要让员工明白，男女搭配工作，彼此依然只是简单的同事，不能掺杂男女之情，不能越界。

当不正常的"异性效应"出现苗头时,管理者就要及时、果断地进行处理,把问题消灭在萌芽状态。如果管理者对此不闻不问,任由其发展,不仅会给团队带来不好的风气,还会给家庭、社会带来诸多不稳定的影响。

3.5 用"加法"与"减法"的法则调动员工

朋友公司是一家集团下属公司,最开始由集团指派了三名得力干将,分别担任公司重要的职务。在这三位创始人共同任职期间,公司业绩一直处于亏损状态,集团总部被迫研究决定,派其中一位创始人到别的公司去投资,同时不再担任要职。

朋友曾担忧,公司经过这番人事调动的打击之后,短期不可能盈利,但没想到,剩下的两位高管齐心协力,反而在短时间内提高了公司的生产效率,公司开始高速运转,年销售总额达到了原来的几倍,不仅弥补了之前的亏损,还创造了可观的利润。而那位被调离的高管,在新的公司发挥了自己的能力优势,也取得了不错的业绩。

三名高管都是一流的人才,按理说,组合在一起会更加具有优势,可他们三人的强强合作,并没有取得预期的效果,经过人事调动,反而取得了成功。这种用人的思想,在管理学上叫作"减法法则"。

在一个企业或者部门中,如果能干的人太多反而不能把事情做好。试想,如果把十个一流的人才放在一起做事,每个人都有自己的主张,十个人就有十种不同的意见,根本无从决断,计划也就无法实施下去。

我们都听说过"三个和尚没水喝"的故事,为什么只有一个和尚或者两个和尚的时候他们有水喝,出现第三个和尚之后就没有水喝了呢?这是因为每个人都存在惰性和依赖性,在工作分配过程中由于责任相对分散,容易导致"相互扯皮"等内耗现象的发生。这种"相互推诿"的现象在管理中经常遇到。

我们通常认为，在具有共同利益的群体中，团队成员一定会为了实现这个利益而采取一致的行动，但事实并非如此。心理学家通过研究发现，将"集思广益"作为假设，并不能很好地解释和预测集体行动的结果，企业要求的"同舟共济"也并不一定会发生。相反，偶尔还会出现一些个人自私自利的行为，这往往对集体不利，甚至产生极大的危害。集体成员增多，管理难度加大，钻空子的人和打擦边球的人就会凸显，"搭便车"的可能性也就越大。因此，管理者并不能单纯以"多"为好。是"多"好还是"少"好，需要从实际需求出发，做出合理的"加减法"。

1."一山不容二虎"的"减法"法则

习惯上，我们承认"人多力量大""三个臭皮匠，顶个诸葛亮"的说法。在我们的认知里，运用一个人的智慧不如综合运用多数人的智慧。但是，管理者要知道，每一个人都有自己特殊的才能、思想和个性，如果大家观点不一或者个性不合，很容易出现对立或者冲突的局面，这样一来，多人叠加的力量就会被分散、抵消掉。"一山不容二虎"，如果一山二虎甚至多虎，就很难团结起来，共同发挥作用。谁也不服谁，相互争执推诿，人多反而导致办事效率低下。

因此，对于管理者而言，只有注意人才的层次性和互补性，才能使人才个体在团队群体的激励下释放最大的能量，产生良好的团队效应。就如朋友公司，正因为其中一位创始人被调走了，许多原本"三足鼎立"的经营理念得到了改善与统一。实施管理的"减法"之后，每个人才能在各自的岗位上发挥最大的效用，才能创造出优良的业绩。

在任何一个团队里，若出现这种人事冗余的情形，都会降低员工工作的积极性，无法发挥员工最大的工作效能。如果人事调配得当，优势互补，那么所有人都能愉快地工作，创造出惊人的绩效。

2. "人多力量大"的"加法"法则

在现实工作中,确实存在"人浮于事"的现象,但并不是说一味地缩小团队人数就有利于团队的发展和工作效率的提升。团队的优势在于集中所有成员的力量,能多角度、全方位地对任务做出最快速的反应。只要将团队的大任务分割成几个小任务,让团队成员相互协作,自然能出色地完成任务。

从这里就可以看出,并不是人多就一定存在问题,问题依旧出在没有对团队成员做出最优的配置。明知道同一个任务不可能由多个同性质的人共同完成,为什么还要把他们安排在一起呢?把他们的才能分散开,配置到团队不同的地方去充分发挥各自的作用,才能实现真正意义上的"人多力量大",见图3-6。

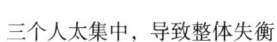

三个人太集中,导致整体失衡　　将他们重新分配,则很好地实现了平衡

图 3-6　团队成员的调整

人们常常会因为从众或者遵循权威观点,而放弃一些具有独创性的思路或方法。但在不同的领域,因为各自都是专家,就能有效避免这个问题。因此从这个层面来说,团队行动会出现"人多力量大"或"人多力量小"两种结果,究竟朝哪发展,关键在于管理者如何安排团队成员。

要实现"人多力量大"的目标,管理者可以从两方面着手。一方面,要避免出现"大锅饭"的情形,应刻意制造团队成员之间"收益不对等"的情况。当个别成员无法从集体行动中获得团队的溢出收益时,他就只能靠自己的行动获取更高的绩效，积极性自然也就能有所提高。另一方面，通过员工行动的结果反馈，合理配置员工，让员工和工作各环节相匹配，各自发挥独特的作用。

总的来说，不论是"加法"还是"减法"，都不是简单地"增员"或"减员"，而是要避免团队成员的同质化与人员扎堆，在优化配置（减法）的前提下，逐步扩大团队（加法），实现团队从量变到质变的飞跃。

3.6 合理搭配员工时需注意的要点

现在企业的组织，已经从传统的科层制向扁平化、松散型组织转变，甚至有些已经迈进了生态型组织中。这种明显的变化，向管理者传递的信息就是：组织中的每一个人都是不可忽视的力量。他们都是极具个性、极具特点的存在。但也不要忘了，如果这种存在超过了组织的边界，就会成为企业的一种负担，阻碍企业的前行，因此，搭配员工时需注意以下三个要点，见图3-7。

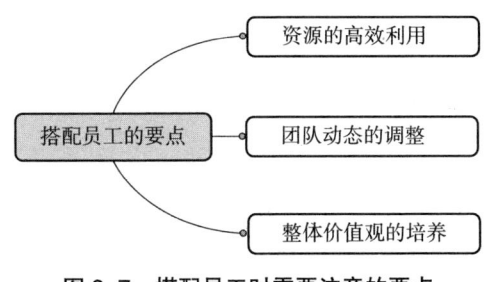

图3-7 搭配员工时需要注意的要点

1. 资源的高效利用

组织的资源永远是有限的。当涉及员工的时候，不论是人工成本的支出，还是其他各类涉及人员的支出，都有一个限额，这个限额决定了企业的"最优搭配"只可能在限额范围内完成。

我们公司曾经为了提高竞争力，从高校选拔了一批高质量应届毕业生作为管理培训生。领导的想法很美好：通过两年的培养，让他们中的一部分人成长为公司的基层骨干。为了吸引他们，公司直接开出了处于行业90分位值的薪酬水平，但公司给现存优秀员工的薪酬水平也不过处于行业的70分位值，这让老员工倍感不公。在老员工看来，不具备任何实操经验的新人，不值得如此高的工资。这种不满情绪给各方面都带来了不好的影响，如对新人培训时的态度、工作各方面的协助。

领导的想法虽好，但却没有考虑到实际情况。在领导看来，通过对员工能力的评估，现存员工的价值只与行业的70分位值相符，为了提升竞争力，势必需要引入更高端的人才，调整员工结构，形成能力上的互补。但是，选择应届毕业生显然不是最优解决方案。企业首先要做的是用行业90分位值的薪酬水平吸引行业内的成熟人才，用这些新鲜血液冲击现存员工的思想，激活他们的能力。等到整体层次进一步得到提升后，再来考虑自己培养新人。在这个问题的考虑上，领导缺少了高效利用现有资源的思考。

2. 团队动态的调整

管理者要对员工的能力和工作状态有较深的了解，而且要做到动态的平衡。企业在不断发展，内外部环境也在实时变化，这些都决定了无论是员工本身，还是与岗位、团队的匹配，都不可能一成不变。

动态的平衡能很好地解决两方面问题。一方面，在适度频率的调整下，管理者能够逐步深入地了解员工的特点与岗位需求，提高员工与岗位的匹配、与团队成员的匹配程度。另一方面，员工在岗位的调整中，也能意识到自己能力的边界所在。当员工对自己有清晰的认识后，就能在一定程度上降低不公平感。很多时候员工之所以觉得不公平，不是管理者安排有问题，而是员工对自己评估虚高。

3. 整体价值观的培养

在管理者对员工的能力做出了准确的判断并匹配合适岗位之后,员工依然抱怨不断时,管理者就要考虑是否需要换人,因为此类员工从根本上说,已经不符合企业的要求了。这种不符合体现在员工对企业文化的不认同上,体现在个人价值观与企业价值观的区别上。

企业价值观把企业所有人都凝聚在一起,形成合力,促进了组织发展,组织发展又进一步促进了企业更深层次价值观的形成,影响着企业的同时,也让企业在面对外界大环境时具备更大的主动性,见图3-8。

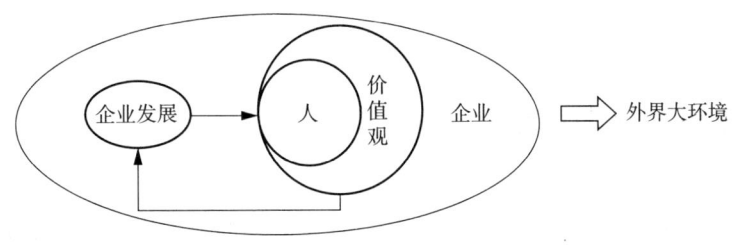

图 3-8　企业价值观的意义

在外界冲击增大时,企业之所以固若金汤,靠的就是大家共同的信念。对企业而言,这种信念就是企业的价值观。每一个企业都有其特有的价值观,这也是其他企业难以模仿的。不论是制度、具象的文化活动,还是企业的运行模式,都容易被学习,唯独价值观无法模仿。如果员工不认同互补所形成的整体优势,自然就与团队无法匹配,这种员工只能淘汰。

总之,面对团队,管理者需要思考的问题非常多。我们已经讲到的人岗匹配、人人匹配、团队互补是一类,后面将要讲到的员工培养、管理者放权、员工激励也是一类。但不论哪一类,在关注小问题的同时,也要注重整体、注重大的环境。只有协调统一,才能取得真正的成绩。

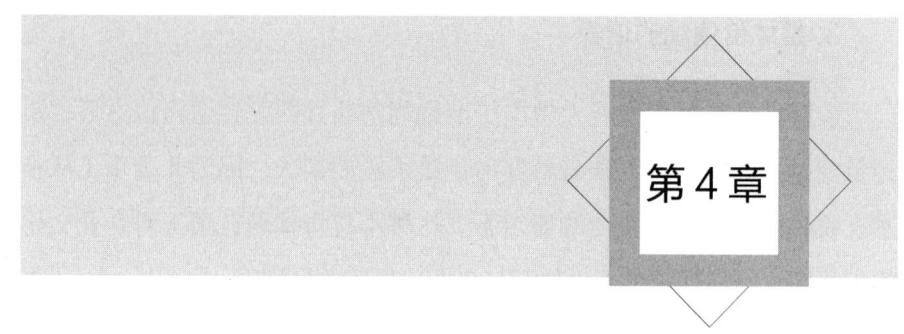

第 4 章

有计划地培养员工

4.1 做好试用期管理，不再放养

我们公司人力资源部有一次招聘新员工，本以为人员招聘到位就万事大吉，可谁知三个月的试用期还没结束，新入职员工就陆续离职。老板自然把责任怪罪到了人力资源部，认为该部门没有做好新员工的试用期管理。该部门领导特别委屈：试用期的管理不是各个用人部门的事情吗，为什么都推卸给了人力资源部？

像这样的例子在企业中时有发生，如何提高新人留存率，不让千挑万选出来的人员流失成为人力资源工作的关键。所谓试用期，就是企业与员工为了相互了解，共同约定的不超过六个月的考察期。管理者在员工试用期应重点考察以下三个方面，见图 4-1。

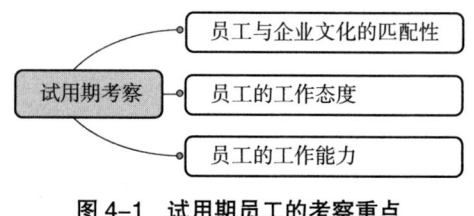

图 4-1 试用期员工的考察重点

1. 员工与企业文化的匹配性

任何人都拥有自己独特的性格，性格本身没有好坏之分，但有些性格表现不被其他同事接受，与企业文化格格不入。这些性格表现在面试时往往难以发现，而在试用期则会显露出来。如果新员工从内心不认同公司的企业文化和价值观，就无法做好工作，即使他很有能力，也不可能在公司长久发展。

2. 员工的工作态度

工作态度是职场竞争力之一，也是员工工作的内在动力。员工是否拥有积极的工作态度，往往决定着团队整体的工作绩效。管理者可以通过试用期间一些关键事件的行为，来考察员工的工作态度，比如领导布置的任务是否按要求完成、公司的规章制度是否严格遵守等。根据其在岗的实际表现，管理者还可以观察试用期员工如何协调工作与生活的冲突。

3. 员工的工作能力

企业在聘用员工前，一般会采用笔试、面试、职业测评等方式对其进行考察，但这些方式并不能对员工的工作能力进行有效甄别。通过试用期，管理者可以对其岗位的胜任能力进行全方位的了解。

除了上述三点，管理者还需关注新人的工作绩效。管理者可以对员工的执行力进行考察，因为高绩效的员工做事更有计划和条理，执行力强。对于员工的绩效管理，我们将会在第8章详述。

管理者在考察新员工的同时，帮助新员工在试用期内融入团队也十分重要，这就需要做好新人管理。具体来说，有四个方面需要注意，见图4-2。

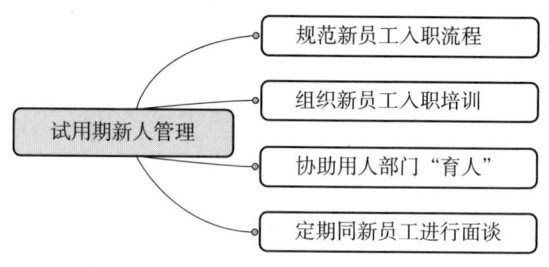

图 4-2 试用期新人管理的四个方面

1. 规范新员工入职流程

新员工入职前,管理者应与用人部门充分沟通,确认该员工在试用期间的工作职责与要求。入职当天,除办理必要的劳动关系手续外,还需要让员工书面签收《岗位说明书》《试用期岗位能力胜任考核表》等。此外,应积极和相关部门做好信息对接工作,如准备好工位、工牌、文具用品等,表现出对新员工的欢迎和尊重。

2. 组织新员工入职培训

新员工的入职培训很有必要,可根据实际情况选择在入职当天或是其他时间开展。内容应包括公司规章制度、企业文化、业务内容及发展规划等。特殊岗位还需增加岗前技能培训,如设备使用规范等。通过入职培训,可以让新人很快熟悉工作,防止员工因为难以胜任工作而产生心理压力,进而产生离职的想法。更多培训内容,会在下面各节展开。

3. 协助用人部门"育人"

人力资源部门首先要明确新员工的工作指导人,也就是新人的工作导师。这项工作可以与用人部门共同完成,一般情况下,由经验丰富的业务骨干或部门经理担任。确定工作指导人后,再对新员工的表现进行定期跟踪,比如工作是否上手、目标任务是否明确、工作环境是否适应。

4. 定期同新员工进行面谈

人力资源管理者应多扮演"知心姐姐"的角色,关心新员工的想法,倾听他们的声音,帮助他们协调解决实际工作中遇到的难题,使他们尽快适应公司,顺利度过试用期,如此,前期的招聘成果才算真正有效。

四个方面的准备工作,无非是为了充分评估新人,达到留住合适的、淘汰不胜任的员工的目的。评估新人时最常用的三种方法见图4-3。

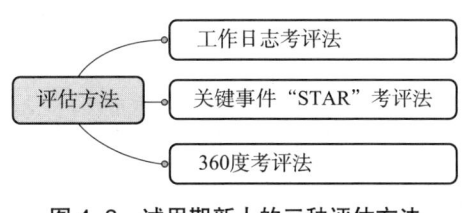

图4-3 试用期新人的三种评估方法

1. 工作日志考评法

工作日志即将每一天的工作、每一项任务做好记录。试用期结束,其工作就清晰明了,便于客观公正地考核。除了考核的目的外,这样做的好处还在于,可以督促员工当日事当日毕。即使没有做到,也可以提醒近期做完,帮助新人养成良好的工作习惯,见表4-1。

表4-1 某公司办公室内勤人员的工作日志

序号	工作活动名称	工作活动内容	工作活动结果	时间消耗	备注
1	复印	协议文件	5张	8分	存档
2	起草公文	公司内部文件	1000字	2小时	报上级审批
3	会议准备	会议室物品准备	1次	30分钟	参与
……	……				

2. 关键事件"STAR"考评法

关键事件"STAR"考评法是人力资源客观评价体系中最简单的一种方法，它是通过对员工试用期内发生的关键事件进行分析，从而做出考核评估的一种方法，见表4-2。

表4-2 STAR法则的具体含义

字母	含义	具体说明
S	情境（Situation）	事情发生时的情境是怎样的
T	目标（Target）	员工为什么要做这件事
A	行动（Action）	员工当时采取了什么行动
R	结果（Result）	员工采取这个行动获得了什么结果

3. 360度考评法

360度考评法是绩效考核常见的方法之一，其特点是考评维度多元化，避免片面的评价，也可以让员工知道自己的缺点，以便改善提高。它常见的形式是问卷调查，即让与新员工接触密切的领导、同事、客户等对其试用期表现进行评价打分。当然，员工本人也可开展自我评价。自我评价与他人评价进行对比，还可以了解员工对自我表现认知的准确程度，为后续的培养明确方向，见表4-3。

表4-3 某公司管理层岗位360度考评部分展示

被考评人：	所在部门：	职位：
考评项目	考评标准（参考分值）	
工作计划制定情况	合理及时满足战略15分，合理及时10分，及时5分，不及时0分	
人工成本控制情况	按计划控制1分，超出计划0分	
各项费用支出控制情况	按计划控制3分，超出计划0分	
团队管理能力	优秀3分，良好2分，需改进0.5分，不合格0分	
团队执行力	优秀2分，良好1分，需改进0.5分，不合格0分	
……	……	

常言道"师傅领进门，修行靠个人"，但如果企业对试用期内的新员工一直采取"放羊"式管理的态度，那很容易导致新人试用期内流失率过高的问题。且不说人力成本产生浪费，更关键的是影响了企业整体的雇主形象，让企业以后的招聘工作变得更难进行。所以，管理者必须重视员工试用期的管理，帮助新人更加快速地融入团队，使其成为企业未来发展的顶梁柱。

4.2 以项目经理的思维建立培训运营体系

培训体系的建立，是培训工作的重中之重。没有一个完整的体系，培训就容易出现断层，导致培训的失败。但在常规的培训体系建立上，培训管理者始终有种"使不上力"的感觉，也就是：不论他们怎么建设体系，培训效果似乎都好不起来，投入巨额的培训费用最终却落得惨淡收场。

随着培训理论与实践工作的深入，培训管理者对于培训的基础流程都深谙于心，可想要做得出彩却并非易事。培训体系好建立，可培训组织不力、讲师没有激情、学员不愿参加，成为培训路上的三大障碍。产生这个问题的原因在于培训管理者没有理解培训的变化，没有站在大环境下重新审视培训。

一般来说，常规的培训是一个循环的过程，见图4-4。

为了能让参与到培训中的各方，尤其是能让员工有兴趣参加，培训管理者一定要具备项目管理的思维。培训就是一个项目，由多个独立项目合并在一起，构成培训的总体，也就是我们说的培训体系。既然是项目，就得运营，在运营中让项目成果达成。

一个项目的运营，要关注到三大要素，即产品、人员及渠道。于培训而言，就是培训内容、培训人员及培训渠道，见图4-5。

图 4-4 常规的培训循环过程

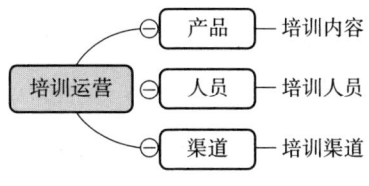

图 4-5 培训运营的三大要素

1. 培训内容

培训内容要从培训定位及课程包装两个方面来考虑,见图 4-6。

培训的定位是指某次的培训是为了实现什么而存在。为了能达成最终的目的,每一个培训内容必须明确目标,同时对应到不同的领域和培训群体上去。例如,我们公司有一门培训课,叫作《招聘的人才运营》,其定位内容如下:

(1)核心目标:通过招聘运营思维的培训,让更多招聘专员了解如何做招聘运营,如何吸引更多的潜在求职者前来面试。

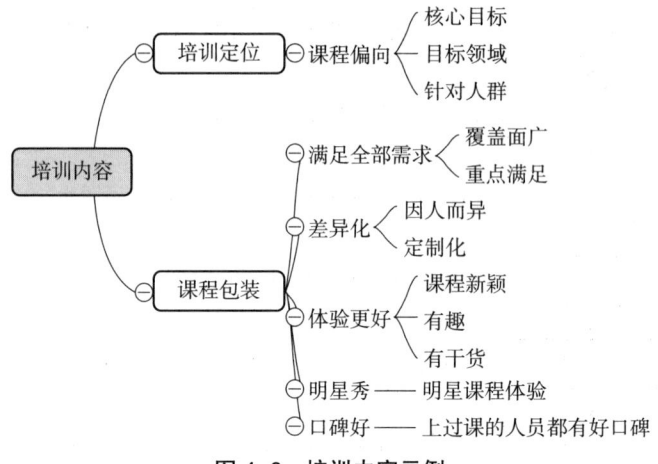

图 4-6 培训内容示例

（2）目标领域：与招聘相关的人力资源部、业务部门。

（3）针对人群：培训课程针对人力资源部的招聘专员，以及业务部门参与到面试过程中的面试官及管理者。

包装是课程的特点。企业培训课程很多，但大多数都不吸引人，甚至员工一听到很多课程的名字后就没有了参加的兴趣。这并不是说很多课程设置没有必要，而是培训管理者不知道如何展示培训内容来吸引员工的注意力。因此，如何做到好玩、有趣、吸引眼球，就是课程包装的关键了。无论是从需求的满足、差异化、更好的体验方面，还是从课程的口碑和评价等方面，培训管理者在每一个细节上的周全考虑，都会提升课程的吸引力。

2. 培训人员

培训人员应从人员类型和培训阶段两个方面来考虑，见图 4-7。

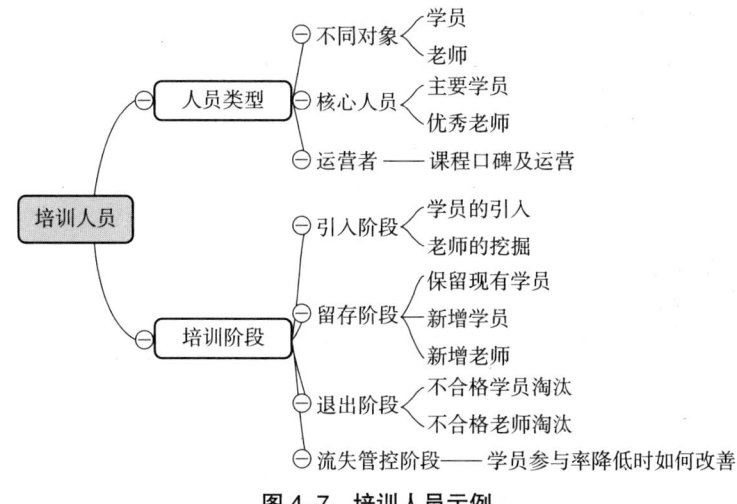

图 4-7　培训人员示例

人员类型包含三种，即培训主体、培训客体以及中间的运营者。主体是课程所面向的对象即学员（员工），客体是培训老师。

在学员与老师之间，还应该做一个区分，也就是"一般对象"和"核心对象"（主要学员和优秀老师）。培训需要谨记的一个原则就是：少数人创造绝大多数的价值，所以一定要在"普遍撒网"的情况下关注到核心学员。

运营者就是培训管理者，但管理者不应把自己定位在管理上，管理是一种"管控"，而项目运营是一种"推广"。思考维度的不同，所带来的效果也会不同。

对人员分类后，就需要考虑不同阶段的工作重点。一个完整的项目运营周期包括对运营对象的引入、留存、退出以及流失的管控。

引入阶段要能引起学员兴趣，扩大传播面，同时要挖掘有潜力的培训师。

留存阶段在做好引入保留的同时，还要扩大、增加整体的总量和质量。

退出阶段则对培训后不合适学员予以淘汰，该阶段是和薪酬、绩效考核挂钩的一部分工作。同时，对老师也应进行考核，淘汰不合适人员，保持高质量师资队伍。

流失管控阶段则是一种补充，在后期运营乏力的情况下，要想办法提高学员参与率，保证培训的整体效果。

3. 培训渠道

培训项目运营的渠道，从渠道方向和渠道组合两个方面来考虑，见图4-8。

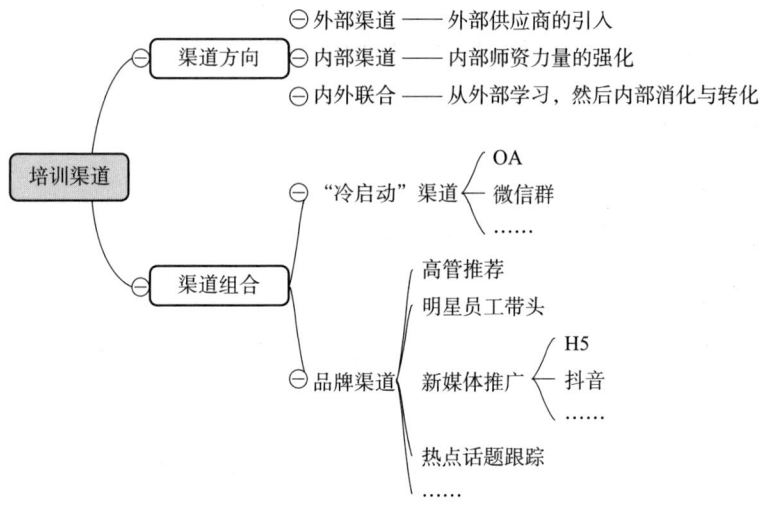

图4-8 培训渠道示例

常见的渠道就是外部渠道和内部渠道。外部渠道是引入优质外部供应商，内部渠道则是强化内部师资力量。但培训管理者显然还应该注意内外的联合。也就是说，如果内部力量足够强大，在引入外部渠道后就完全可以将外部渠道的"那一套"纳为己用。这样可以更好地吸收外部优势，与内部已有优势结合，创造更大的价值。

例如，企业想要建立一套属于自己的人员梯队培养体系，包括基层员工、中层干部及高层管理者。在开展前期，企业更善于做基层员工的培训，对中层干部和高层管理者不知如何开展培训。那么，在这种情况下，内部渠道即已经具备的培训课件、师资力量，外部渠道则是引入的第三方，用来帮助企业做好中层干部及高层管理者的培训体系建设。等开展到一定阶段，培训工作者对整个流程就会比较熟悉，也积累了一些关于中高层的培训经验，就可以逐步取代第三方的位置，由自己主导开展，而自己还不清楚、不具备足够实战经验的模块，可继续交给第三方来做。

全员培养计划的前期，企业会较多地借助第三方力量，中期过渡到以自己为主，后期则结合第三方力量，这样能做到更好，见图4-9。

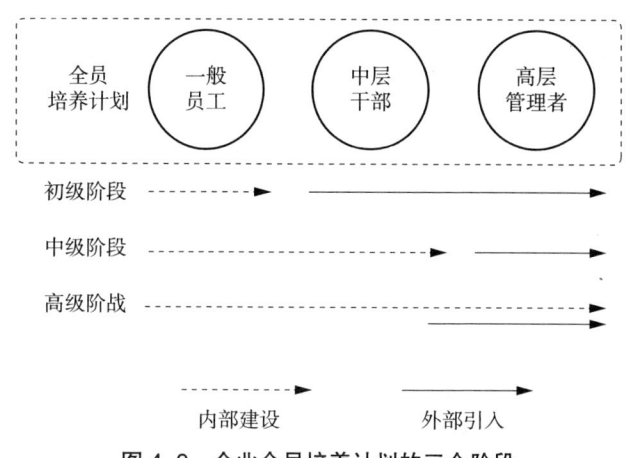

图 4-9 企业全员培养计划的三个阶段

渠道组合旨在扩大宣传面，让每一次的培训宣传尽量传入每一个受众的耳朵。像企业的OA公告、工作群公告等，都是项目运营范畴中的"冷启动"渠道，这些渠道覆盖面广，但起不到"热爆炸"的效果。为了引起受众的关注，除了"冷启动"渠道外还需要"热启动"渠道，即品牌渠道的推广。例如，可以紧跟热点话题制造话题效应。如何制造话题？方法很多，如百度或微博的热词条等。这些需要培训管理者具备敏感性，跟踪热点，然后找到合适的切入点。

考虑清楚培训内容、培训人员和培训渠道后，项目运营思维体系就搭建起来了，但如果想要让它运转起来，还需要一样工具，即培训活动策划，见图4-10。

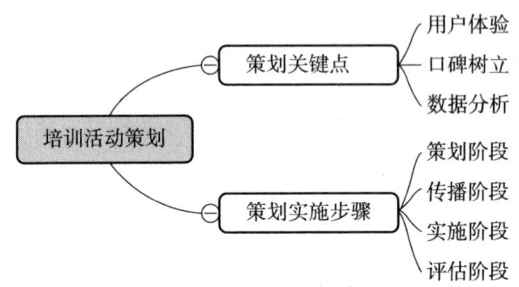

图4-10 培训活动策划内容

试想，现在已经有一个培训课程，但是培训管理者不做宣传，公司员工不知道，那么再好的培训内容也形同废纸，毫无价值。要宣传，就要做好培训活动的策划。我们以公司要组织一次培训讲师选拔为例，做一个具体的阐述。

企业进行讲师选拔的目的有两个。第一，挑选出合适的讲师；第二，通过活动的形式，提高员工对公司竞争文化的认同，提高员工沟通表达能力。这既是一场活动，也是一场生动的培训。

那么，在开展活动的前期，企业需要明白三个关键因素：用户体验、口碑树立及数据分析。

用户体验：通过这次的选拔，公司员工感知到了什么？是竞争力，还是公司活跃的气氛？参加了讲师选拔的参赛者，又获得了什么？是综合表达能力的提升，还是拼搏向上的精神？

口碑树立：这一次的选拔留给全员怎样的印象？是不是希望以后更多地参加此类寓教于乐的培训形式？对培训组织者又做出了怎样的评价？

数据分析：多少人参加了报名，多少人参与到互动中，最终选拔出了多少优秀的培训讲师，比例又如何？

在明确以上内容后，再来具体实施，于是又包括四个部分：策划阶段、传播阶段、实施阶段、评估阶段。

策划阶段：活动前期的策划，需要尽可能地考虑到每一个方面，不论是场地、时间的选择，还是比赛题目的确定。

传播阶段：将策划好的活动，通过各种渠道进行传播，引起全员的广泛注意。这就涉及前面提到的运营三要素之渠道的运用。

实施阶段：现场具体开展，根据活动策划及现场情况，适时调整。

评估阶段：评估阶段不仅仅涉及数据的分析，还涉及活动过程的回顾与评估，哪些做得好，可以继续沿用，哪些做得不好，需要在下次进行改进。

关于培训活动的运营，企业管理者不能局限性地理解为，只有大型活动才需要。运营目前已渗透到各种场合，培训作为与公司全员有关联性的一项工作，即便只是一个沙龙形式的培训讲座，也应该充分运用好培训运营的思维。只有激发参与者的兴趣，让大家都主动地融入培训的过程中来，培训的效果才能凸显。单方面的内容输出，不仅枯燥，而且收效甚微。

4.3 如何开展95后新员工的入职培训

一年冬天,我到集团下属子公司交流工作,有位负责培训工作的同事,与我探讨了关于新员工留用的问题。他介绍道:公司不久前招聘了一位95后毕业生,面试时双方聊得不错,并顺利办理了入职手续。但入职培训结束后这名员工便闪电辞职了,同事对此大为不解。待我了解完详细的情况后,才发现他忽略了一个十分重要的因素,那就是公司没有开展好新员工的入职培训。

企业管理者常遇到一个难题:新员工的留存率总是不高。一些机构的调查数据显示,中国企业新员工的普遍留存率只有70%左右,换言之,有30%的新人流失了。而这些新人流失的原因,很可能与糟糕的新员工培训有关。

那么,企业开展新员工培训的主要目的是什么呢?我认为可以归纳为三个目的,见图4-11。

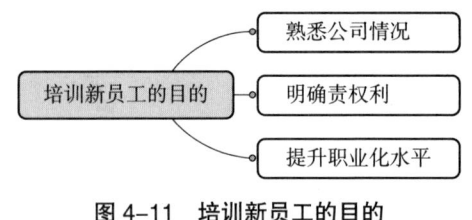

图4-11 培训新员工的目的

1. 熟悉公司情况

新员工需要了解公司各方面的内容,如企业的发展历程、战略规划、业务产品、规章制度、企业文化等,甚至是周边的工作环境。他们越熟悉公司的状况,越有利于后续工作的开展。

2. 明确责权利

新员工入职后对其责权利是否明晰非常重要,因为一些企业在员工关系方面大量的内耗往往都产生于此。对于新员工来说,有两个阶段涉及有关明确责权利的内容:一是在签订劳动合同时;二是在新员工培训时。在新员工培训时,管理者需让其知晓岗位的职责、上下级汇报关系、考核要求、岗位的职业发展路径等。

3. 提升职业化水平

通过卓有成效的新员工培训,可以使他们的职业素养、职业技能等各方面水平得到提升,从而快速适应工作岗位的需要。同时,能促使新员工在思维层面与企业的价值观相融合。只有员工与企业彼此认同,价值观相同,组织的效率才能最大化。

然而,尽管有些企业的培训制度较为健全,新员工培训也正常开展,但实际效果并不理想,这可能是由于管理者对新员工培训尚存在一些误区,见图4-12。

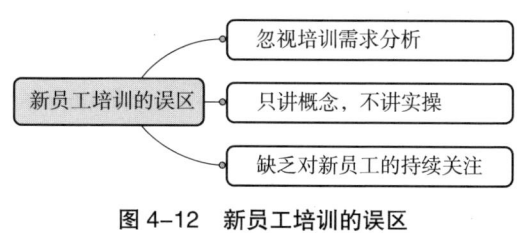

图4-12 新员工培训的误区

1. 忽视培训需求分析

如今的职场新人基本为95后群体,管理者在开展新员工培训前,缺乏需求调研与分析，并未站在学员的角度思考他们希望学习哪些知识或技能。上一节我们已经提到，任何培训的成果都离不开精心筹划，而培训需求分析则是培训方案的首要环节。若管理者对这个环节不予以重视，培训就容易流于形式。

2. 只讲概念，不讲实操

在一些企业的新员工培训中，通常会安排职业道德、沟通技巧等通用型课程。这些课程的重要性毋庸置疑，但若只讲概念、不讲实操，培训的效果就会大打折扣。以"沟通技巧"课程为例，管理者可以挖掘员工在日常沟通方面存在的共性问题，然后再将其融入课程中，为新员工讲授。

3. 缺乏对新员工的持续关注

一些管理者主观上认为，新员工培训是短期、临时性的行为，这是一个很大的误区。事实上，除了授课外，还需有培训跟踪、培训反馈等环节，并应贯穿于新人试用期，乃至更久。

为帮助95后更好、更快地融入组织，新员工培训可以从以下三个方面来实施，见图4-13。

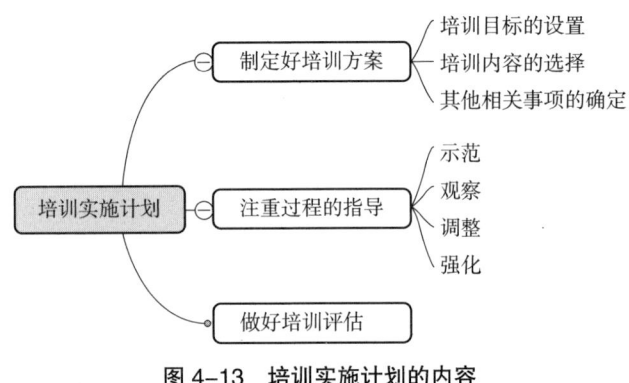

图4-13　培训实施计划的内容

1. 制定好培训方案

俗话说,"预则立,不预则废"。一份高质量的新员工培训方案应包括以下三方面内容:

(1)培训目标的设置

明确的培训目标可以为新员工培训计划提供正确的方向,并且管理者可在培训之后对照目标进行效果评估。

(2)培训内容的选择

对新员工的入职培训来说,涵盖的内容应更广,可围绕不同阶段、不同层次等多维度来开展。以文化培训为例,其包括精神文化、制度文化、行为文化、物质文化四个层次。其中最关键的是精神文化,比如华为公司开展入职培训时,就常组织新员工合唱《华为之歌》,这其实就是一种精神文化的植入和宣导。

文化培训内容的选择,本质上是在企业四种文化的前提下,结合企业的核心理念而进行的,旨在通过培训,运用到企业的实践当中,见图4-14。

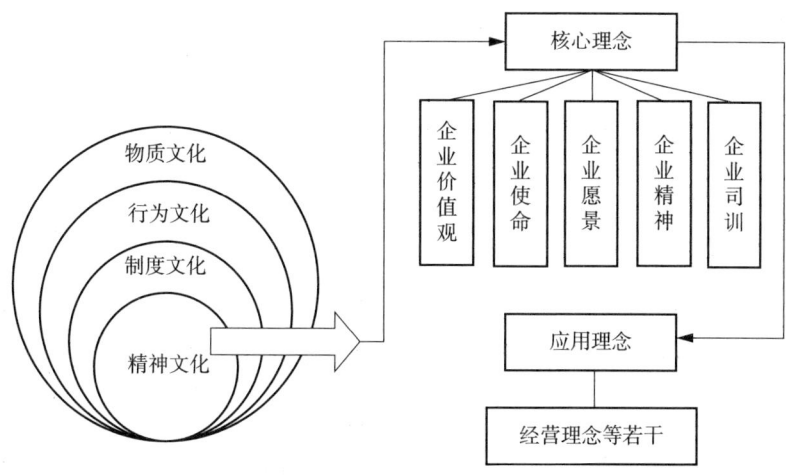

图4-14 文化培训内容

（3）其他相关事项的确定

完整的培训方案中还需明确培训方法、培训时间、授课老师、费用预算等其他相关内容。

2. 注重过程的指导

许多管理者在新员工培训方案的设计上做得比较专业，但培训后依然无法达到预期效果，主要原因在于没有注重对新员工学习过程的指导。过程指导有四种方式，分别为示范、观察、调整、强化。

（1）示范

根据各项工作标准要求制定出来的模板，是新员工日常工作的参照物。例如，某银行为一批95后新员工培训商务礼仪，讲师将各项礼仪的标准动作进行了示范，学员的印象就更加深刻。

（2）观察

在培训新人的过程中必须做好观察。观察者可以是培训负责人，也可以是具体的工作辅导者。观察的事项包括新人的能力特点、个性特征、掌握的知识技能水平、与预期的偏差等。

（3）调整

管理者在培训中根据观察掌握到的信息需及时调整而非死板执行计划。例如，某项课程结束后，发现大部分新员工都尚未理解，则应考虑调整培训方案。

（4）强化

以海底捞为例，该公司在全国以服务优质而著称，但它也面临新员工服务不达标的问题。海底捞就是运用"强化"来提升新员工的培训效果。正常情况下，一个新员工只能负责两张四人桌，而海底捞在培训时给每个新员工委派六张桌子，变相地以最高等级的要求对他们进行强化训练，从而使他们达到优秀员工的标准。

3.做好培训评估

新员工培训与其他任何培训一样，管理者都应做好评估工作。首先，若新员工培训周期较长，则可以设置阶段性的评估，以便及时调整培训方案。其次，让评估的方式多样化。例如，通过笔试和实操演练，可以了解新员工对培训内容的掌握情况，此外，还可通过员工上岗后行为的改变及绩效的成果进行跟踪评估。最后，将评估结果及时反馈给相关对象，如公司高管、用人部门负责人、培训讲师及新员工本人等。

总之，评估的目的是改善新员工培训的质量，让培训活动发挥最大的作用，达到预期目的，具体的评估方法，我们将在后面的小节中详细阐述。

4.4 构建全方位培养员工的"学习地图"

员工往往都是已经在某一个职位上,才开始学习如何扮演好这个职业角色,可是这种成长轨迹并不好。站在企业用人的角度来说,当员工需要的时候再去学显然已经迟了。

如何提前布局人才培养?如何全方位培养员工?如何让员工更加顺利地应对岗位轮换或晋升?一个大型公司的组织架构往往错综复杂,每个岗位所需要的能力又有所不同,员工如何在公司的发展和个人的发展之间寻求平衡?这些问题的答案就是构建学习地图的意义所在。

学习地图,是指以能力发展和职业规划为主轴而设计的一系列学习活动,是员工在企业内部学习发展路径的直接体现。在这些学习活动中,学习地图可能包括传统的课程培训,也可能包括其他的诸多新型学习方式,如行动学习、在线学习等。学习地图连贯了企业的人才发展和学习发展,见图4-15。

企业培训的生命力在于,公司业务与员工职业发展紧密结合。基于此,学习地图包括职业生涯纵向发展的晋升学习,以及职业生涯横向发展的轮岗学习。当员工的职业发展走向更高层级时,学习地图能帮助员工更快、更好地适应新的工作。当员工职业生涯发生横向轮岗时,学习地图能帮助员工更快地转换工作思路和提高工作技能,在较短的时间内掌握新的岗位工作内容,见图4-16。

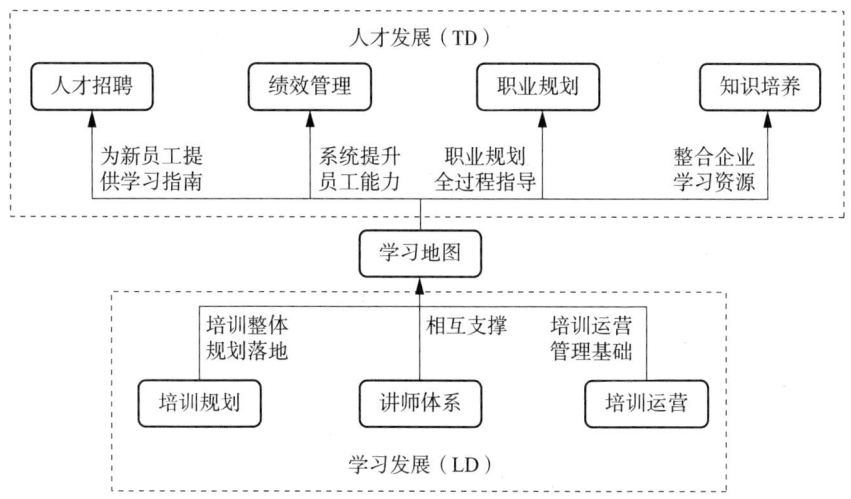

图 4-15　学习地图与人才发展和学习发展

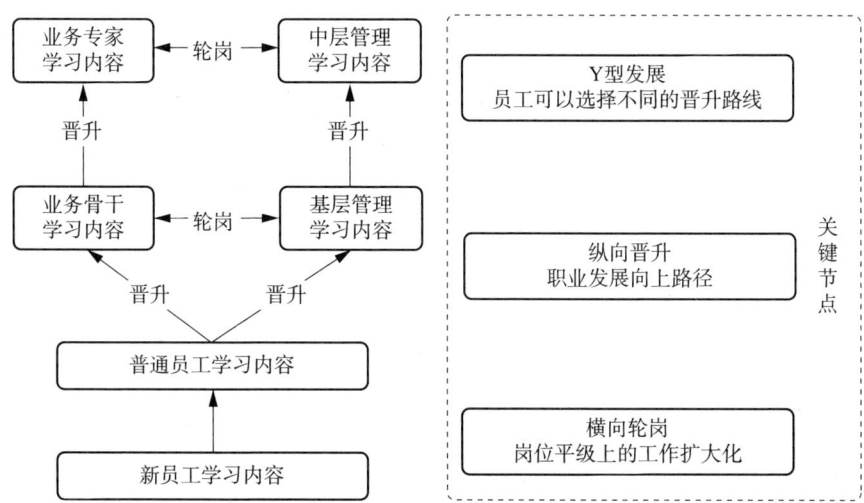

图 4-16　学习地图发展路径和关键节点

具体到学习地图的设计,需从尺度、角度、高度三个维度进行考虑,见图 4-17。

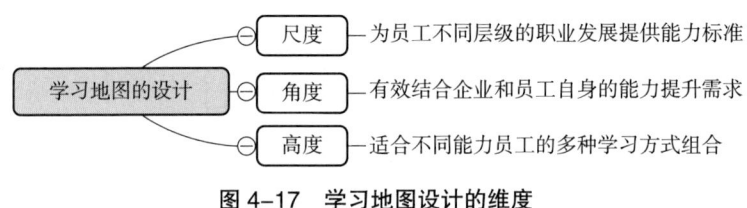

图 4-17　学习地图设计的维度

1. 尺度：为员工不同层级的职业发展提供能力标准

从新员工转正后成为普通员工，员工的学习与发展是单线的。当成为骨干之后，员工就面临着走专家路线或管理路线的选择。同时，企业根据发展的不同需求，管理培训生和储备干部的学习发展路径也可以在学习地图上得以体现。因此，学习地图就是一张"万能地图"，包含企业内的一切人员所需的培训发展架构。

2. 角度：有效结合企业和员工自身的能力提升需求

从培训管理者角度看，学习地图包含了各种培训学习的方式，可以很清晰地看到整个培训学习路径。从员工角度看，学习地图是员工在企业学习发展的导航系统，它能清晰地告诉员工自身处于哪一个层次，需要进行哪种类型的培训学习。学习地图的设计，让员工从被动等待公司安排变为主动学习；从培训部门对培训负责变为员工自己对学习效果负责；从公司制订培训计划变为员工根据工作需要自己制订学习计划。

3. 高度：适合不同能力员工的多种学习方式组合

学习地图关注的内容大大超越了通常意义上的课程体系，能从一个更高的视野来审视企业对员工学习的支持。在学习地图中，员工可以根据学习需求自行选择适合自己的学习方式。同一个知识点，培训管理者可以在学习地图中提供多种学习方式，如当面讲授、网上自学、参加学习沙龙等。

明确三个维度之后,在具体绘制学习地图前,要根据学习地图覆盖范围、学习主体的不同,划分出三种学习类型:整体型、群体型、重点型。整体型是针对全公司的学习地图。群体型是针对某一特定群体的学习地图,如中高级管理层、后备干部群体。重点型是针对公司中的重点岗位建立的学习地图。从总括到细分,是为了保证培训资源的合理利用、有的放矢。

在明确了学习地图类型后,培训管理者就要按照岗位梳理、能力建模、内容设计以及体系建立四个步骤来具体绘制,见图4-18。

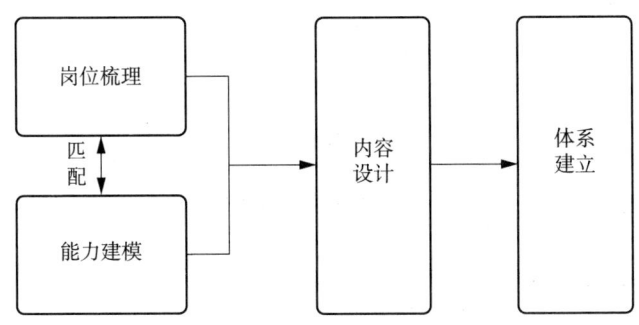

图4-18 学习地图绘制的具体流程

1. 岗位梳理

通过岗位梳理,培训管理者合并工作职责相近的岗位,划定岗位族,可以大大降低课程冗余度和学习地图的复杂度。简单来说,岗位梳理的前提就是要做好公司的人才梯队工作。只有把人才梯队工作做好,岗位划分明晰,才能更好地针对不同序列,设置不同类型的课程。

2. 能力建模

通过对岗位职责的能力分析,培训管理者运用多种方法,如访谈法、问卷调查法等，构建出能力地图，这是学习地图的关键点。能力分析包括能力识别、分类及分级三部分。基于能力模型的学习地图，需要围绕企业的战略层层分解，根据每个层级分解出的能力，建立合适的能力模型。如果企业的岗位说明书已有一定体系，做起来势必事半功倍，见图4-19。

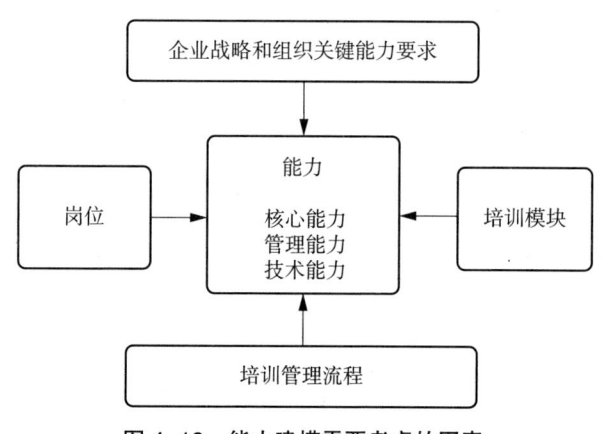

图4-19　能力建模需要考虑的因素

3. 内容设计

再好的框架如果没有过硬的内容也不行。内容设计就是整个学习地图的核心，通过学习内容的获取、分类、分级来完成该项任务。内容的获取主要是针对不同能力模型建立对应的培训内容，如前文所述，可以是面授，也可以是网络课程，形式多种多样。对于相关课程内容，企业已有的可以直接拿来使用，没有的，则根据需要进行自编或采购。获取内容后，培训管理者根据不同类型、不同阶段进行课程的分类与分级，形成各岗位族的专业技能和通用内容的课程。

4. 体系建立

汇总所有学习内容，根据员工不同的职业发展路径，培训管理者可以将学习内容分为新员工学习、普通员工学习、管理员工学习、技能员工学习等，按照职级职等分层。至此，大体的学习地图绘制完毕。然后在后期的使用过程中，培训管理者可以不断进行评估和完善，删减不合适课程，新增必备课程。

最后需要明确的一点是，学习地图不是一成不变的，随着企业战略的调整、组织能力的变化，学习地图也需要不断地调整，以适应新的组织需求。毕竟学习地图的建设，本身也是人才发展、学习发展的一部分，而这些都为企业战略和组织发展服务。

4.5 培训效果评估，让培训价值最大化

我的一个朋友在一家科技公司负责培训工作，有一年，公司决定对业务员开展营销培训，为期三周，人力资源经理让他主导这个项目，并做好培训的评估分析。按照要求，他积极设计了评估过程中的测评问卷，计划对培训的全过程跟踪评估，从而形成一份有效的报告汇报给领导。

在培训期间，他每隔三天就会对参训学员进行问卷测试，总结培训效果并说明情况，但是到了第二周，许多业务员就不愿意做问卷了。他们表示，自己是来学习营销知识和经验的，并不是来做问卷测试的。他的评估计划遇到了阻碍，直到培训结束也没能拿出一份很好的评估报告。

与企业管理中的控制功能相似，在公司培训课程结束后，培训管理者一般都需要对培训的效果进行科学评估，以便找出参训人员有哪些收获或提高，明确是否达到原定的目标和要求。我朋友的问题在于，他只是主观地想要进行培训评估，但却忽视了评估方式的正确应用，从而使员工产生了抵触情绪。

大多数企业开展了培训却没有成效的内在原因是：为了培训而培训，而非为了支持战略、提升员工绩效或者解决某方面的问题。衡量培训工作的重要标准，应体现在培训效果的转化上，这才是培训的根本意义所在。因此，在制订培训计划时，就需要以终为始，也就是我们知道这个培训想要达到什么样的效果，然后再倒过来进行设计。

那么，培训效果评估究竟该如何开展呢？培训结束后发个培训调查

反馈表，或者再加个考试，这显然是不够的。管理者对培训效果进行评估，既要有定性评估，也要有定量评估；既要有显性层面的评估，也要有隐性层面的评估。1959 年，威斯康星大学教授唐纳德·L.柯克帕特里克提出了著名的柯氏四级评估模型，后经过不断迭代、完善，又形成了新的柯氏四级评估模型，该四级评估模型能够客观评价培训的效果，具体见图 4-20。

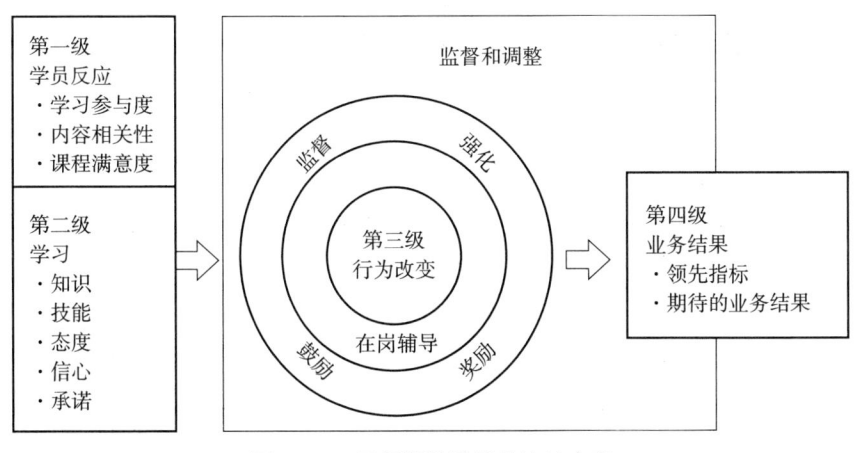

图 4-20　四级评估模型关注的内容

1. 学员反应

新的柯氏模型除了衡量"课程满意度"指标外，还新增了"学习参与度"及"内容相关性"两个指标。在开展培训需求分析环节，管理者应明确哪些学习内容与学员工作实际相关联，以及与之相匹配的授课策略是什么。因此，评估要嵌入培训的全过程，从需求分析到训后强化跟进，每个环节都无处不在。

2. 学习

管理者往往会以考试、演示、汇报等方式，来检验学员对学习内容的掌握程度，一旦效果理想，便推断学员在工作中的应用也是理想的，但事实往往与想象的有差距。新模型认为，出现这种落差是由于学员缺少信心和承诺，所以在原来知识、技能、态度三个衡量指标的基础上，新增了信心、承诺两个指标。只有让学员有了充足的信心，并且愿意把所学应用到工作中，他们才有可能付诸行动，并在这种内驱力的推动下，产生预期的行为改变。

3. 行为改变

新模型中细化了促进行为改变的措施，并指出可通过在岗辅导进行调整。培训管理者实施该层级评估需要遵循以下五个步骤：

（1）确定关键行为，明确哪些行为最有可能促成期望的业务成果达成。例如，如果公司期望的业务成果是将客户满意率提高10%，那可能的关键行为有：

客户服务代表坚持不懈地服务于某一特定客户，直到该客户的所有问题都得到了满意的解决；

客户的询问在一个工作日之内得到回应；

员工在客户距离他们2米的时候就热情地打招呼；

……

（2）建立必需的驱动力，包括强化、鼓励、奖励、监督。

（3）讲授关键行为。管理者需要确保完成工作所必需的关键行为能被学员了解，同时加强对相关技能的模拟与演练。

（4）监控和衡量工作中关键行为的绩效。一是在多大程度上，学员将培训中所学的知识应用到了实际工作中；二是如果没有，原因是什么。

（5）根据反馈进行调整。如果学员没有应用所学的关键行为，那么就需要增加驱动力；如果应用了关键行为但仍然没有达到期望的结果，那就应该思考在培训之前所确定的关键行为是否正确；如果学员能够展示如何操作这些关键行为，但却无法在工作中应用，说明问题不在于培训本身，可能是工作环境的某个方面出了问题。

4. 业务结果

新模型对"业务结果"做了拆解和细化，形成领先指标、期待的业务结果两个维度。

所谓期待的业务结果，大致包括销售额、成本、利润率、客户满意度等衡量指标。管理者为了实现期待的业务结果，要设置过程性的指标，也就是领先指标。例如，公司确定了"提升销售额"这一项期待的业务结果，则可以分解出单次成交额、客户拜访量等领先指标。

综合来看，新的柯氏四级评估模型更加贴近企业人力资源培训工作的实际，更能让培训效果评估在企业落地生根。企业要做培训评估，则可按照这四个层次所包含的细节，进行问卷设计和调查数据的收集整理，查漏补缺，让培训形成闭环。

4.6 为不同员工提供适合的培训模式

我曾经服务过一家技术型公司,公司的管理层都是老板创业时从技术骨干中提拔起来的。有一年年初,总经理认为从基层员工到管理层的业务能力都不是很突出,阻碍了公司的进一步发展,于是希望我能做一个全员培训方案,为不同层次的员工进行培训。

公司创业初期需要的是利润,只要能活下去,一切都好说。可过了创业期,开始走上发展期,员工能力不足的问题就会凸显。此时,全员培训就非常有必要。如何为不同层次人员提供合适的培训模式?这个问题本身并不复杂。再复杂的问题拆分下来,也就成了一个个小问题。而拆分的原则,必然要与企业的使命和目标、经营战略和人力资源策略联系起来。

从企业使命和目标开始,层层往下分解,就能知道每一层需要什么样的能力、具备什么样的知识与技能,再根据需要,制定培训策略,见图4-21。

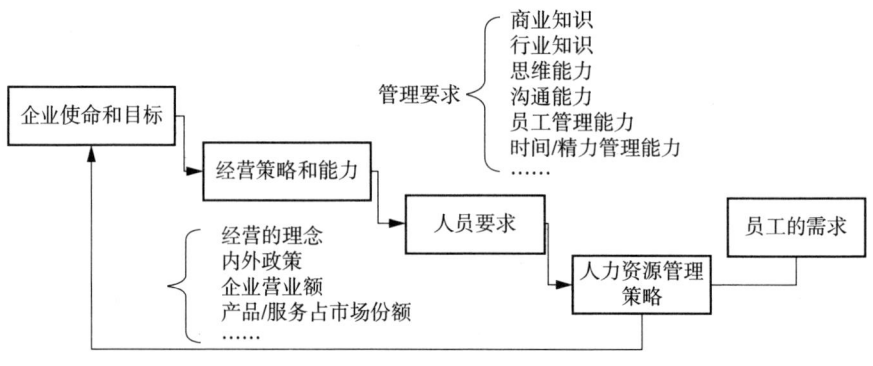

图4-21 企业培训要制定的策略

对企业来说，最上层的核心是使命和目标，分解下来，就涉及经营策略和能力。这里就涵盖了经营理念、政策、营业额和市场份额四个大的指标。接下来，就是人员的要求，以及人力资源管理的策略和操作。对人员需求而言，侧重于管理人员，他们需要具备一系列的能力，如商业知识、思维能力等。在人力资源管理之后，则是一般员工的需求。

从图4-21中可以看出，全员的培训其实就是按照不同层次、不同阶段，对不同人员的培训。培训的核心内容就是每层次涉及的重点内容。实际上不同层次员工的培训模式，都是在培训内容上衍生出来的。例如，对主观商业知识的培训，就适合参加行业峰会、企业的商业知识分享沙龙；员工管理能力的培训，则适合沙盘推演等。

管理者在确定培训模式时，有三个方面需要考虑，培训模式只要能够让这三个方面得以体现就有效。

1. 不同层次管理技能的侧重

从一般员工到高层管理者始终存在着三种技能，即概念技能、沟通技能和技术技能（图4-22）。层次越低，技术技能占比越大，概念技能占比越小；层次越高，则刚好反过来。技术技能和沟通技能好理解，而概念技能是什么呢？它主要是指管理层对未来的构建与把握。企业要想走

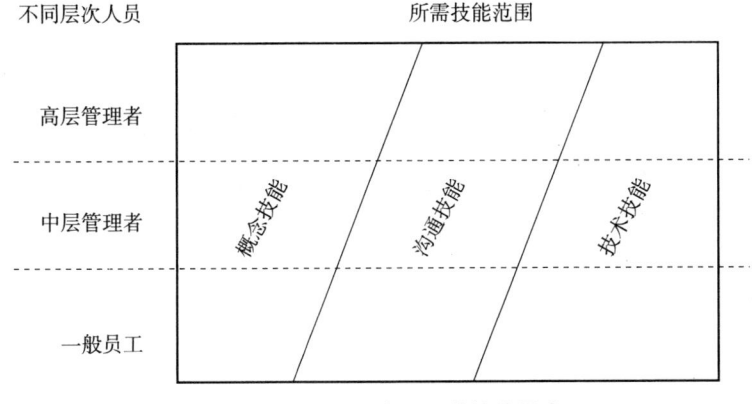

图4-22 不同层次员工的技能需求

得更长远,一定要规划出一条清晰的路径,这条路上就有企业的使命和目标。总之,为员工设计培训模式,要重点突出他所在层次的技能特点。

2. 不同员工角色的转变

每一个员工的角色,都不可能一成不变。在前几个章节我们也提到了,不论是横向的调动还是纵向的升降,都是为了更合理地配置员工。所以在培训设计时就要体现这一点。角色转变,不一定是实际角色的转变,还可以是预期角色的转变,让每个员工在做好本职工作的同时,超前具备扮演更多角色的意识,让投入产出比扩大化(图4-23)。

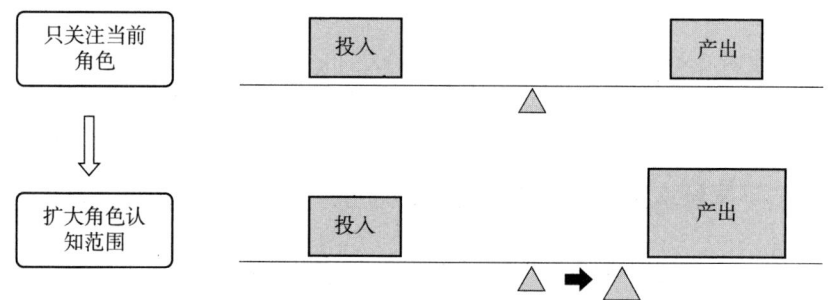

图 4-23 员工角色转变前后投入产出比的变化

注:员工超前具备更多角色,可以让相同的投入得到更大的产出。

3. 团队三维度的协调发展

团队三维度是指自我管理、团队沟通、团队管理和发展,见图4-24。

无论是管理技能还是角色转变都仅针对个体,但培训的目的在于扩大团队的整体优势。因此,让员工的自我管理形成团队的有效沟通,进一步促进团队的管理和发展,是管理者第三个需要考虑的方面。培训终归是由外而内的,只有让团队成员自动自发,才是培训最终的胜利。

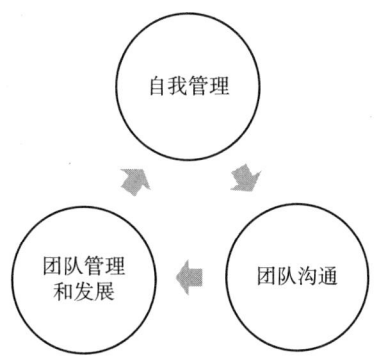

图4-24　自我管理、团队沟通、团队管理和发展的协调

管理者在这种互动中也存在培训模式的选择问题。很多针对个人的培训模式一旦涉及团队就会失败。比如个人学习总结，能够使个人形成反思，但对团队却是无效的，管理者只有让个人学习融入团队的比拼，才能形成互动。

首先，是自我的管理。一名合格的员工一定是一位好的自我管理者。员工学会了技能，也学会了角色的转变固然有必要，但更需要做好自我管理。自我管理可以是一门课程，也可以是一种融合的培训模式。

其次，一个有效的团队沟通要从沟通技巧和关系的建立开始。所谓沟通的技巧，即是懂得如何提问和倾听。提问的方式有很多，开放式、探究式和封闭式都有其侧重，管理者需要根据想要获取的信息来确定。关系的建立也有很多方式。例如，为了促进团队学习，管理者可采取比拼的方式，但若是为了交流思想，则可以是学习沙龙的方式。

最后，在良好的沟通下，团队的管理和发展才成为可能。管理团队有三种基本方式：委派任务、指导和反馈、团队合作与激励。培训管理者需要了解团队和团队成员的能力水平，对于不同的个体与团队，可采用不同的培训形式。例如，个体培训良好，但不存在互动，那么就需要考虑是否更换新的培训模式，兼容个体和团队，或者在个体培训之外，新增团队互动培训模式。

按照上面的思路，针对不同层次员工，管理者可以在可供选择的培训模式下，做出最合理的搭配。模式的选择，其实和学习地图密不可分。学习地图主要讲的是员工需要学习什么，而模式的选择则可以让学习更加具体、更加有效。

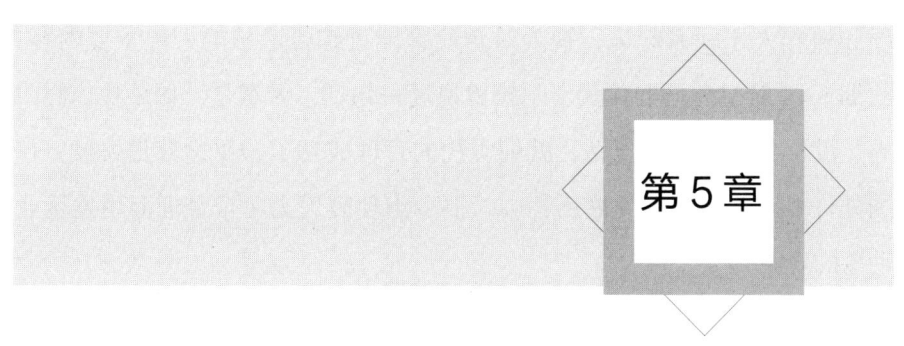

第 5 章

适当授权放权

5.1 信任员工,授权才能成功

在海底捞公司,CEO 张勇的签字权是 100 万元以上,100 万元以下则是由副总、财务总监与大区经理负责,大宗采购部长、工程部长及小区经理有 30 万元的签字权,店长有 3 万元的签字权。这种放心大胆的授权在民营企业实属少见。更让同行匪夷所思的是,海底捞一线普通员工有给顾客"先斩后奏"的打折或免单权。不论何种原因,只要员工认为有必要,都可以给客人免一个菜或加一个菜,甚至是免餐。这相当于海底捞的服务员都是"经理",而类似这种权力在其他餐馆通常只有经理才拥有。

海底捞的成功,离不开它的主要管理特征之一——信任管理。第 2 章讲过,"用人可以疑",这并不是说不能信任员工,而是指在信任员工的同时,要有合理适度的约束。约束并不否定授权,这是用人时的一种平衡之道。单说授权,那必须以信任为基础。只有信任员工,授权才能成功。

我们知道,西方国家在企业管理方面十分强调授权,并且把授权管理和培养人才联系起来,视为对企业管理者综合考核的一项重要内容。欧洲SAS航空公司的总裁卡尔松曾说过一句话,大意是,如果我休假四周,没接到公司来的电话,就证明我的管理成功了,反之就是失败。在国外许多跨国公司的发展历程中,很少出现因失去一个经理而引发企业动荡的现象。

而在国内,很多老板却说:如果有一天我出了意外,几千名员工就吃不上饭了。老板说这番话时可能有表现自己的意思,但却未意识到潜藏在背后的企业管理危机,这或许也是中国大部分企业"短命"的根源。

老板或者管理者不愿意授权的原因是多方面的,归纳起来大致有以下四点,见图5-1。

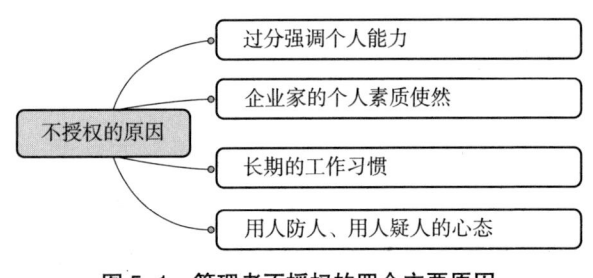

图5-1 管理者不授权的四个主要原因

第一,过分强调个人能力。国内不少企业,长期以来都过分强调个人能力,而忽视了团队的作用,企业文化便是老板文化,老板的个人能力便是企业的竞争力。

第二,企业家的个人素质使然。在国内市场制度尚不完善的情况下,靠胆量、靠机遇,成就了一批企业,也造就了一批企业家,但不少企业家的个人素质并未能随着企业的发展而进步,还停留在过去的水平。

第三,长期的工作习惯。有些管理者并非不放心下属,也并非不舍得授权,主要是因长期的工作习惯导致自己不善于授权,凡事仍然亲力亲为。

第四，用人防人、用人疑人的心态。有的管理者总担心下属不按照自己的思路去做事，用怀疑的心态对待下属，因此不敢授权，或不完全授权。

PWC（普华永道）在2016年对全球执行长进行的一份调查显示，有55%的受访执行长认为，缺乏信任对组织的成长构成威胁。而除了威胁组织成长，不信任员工还会给管理者带来许多烦恼。

有心理学研究表明，那些不信任员工的管理者往往性格多疑。员工聚集在一起，管理者想到的是他们在谈论企业的不是。员工自作主张办成一件事，管理者想到的是员工得了某些个人好处，否则他不会如此热心。员工与供应商关系好，管理者会怀疑他们串通一气，出卖了企业的利益。

在过去的管理咨询实践中，我们遇到过一位民企老板，虽然他创业十多年，但员工依然只有几十人。当向他了解企业没有发展壮大的原因时，那位老板回答的是员工不值得被信任，诸如销售人员不负责任、车间主任不负责任、采购员不负责任。总之，在他眼里没有一位可以放心的员工。反之，那些能够做到信任员工的老板，他们的企业更容易发展壮大。这类老板往往敢于授权，员工也敢于负责，老板在或不在，组织内的各个部门都会照常运转。

信任员工，对企业和管理者来说至少有三个方面的好处，见图5-2。

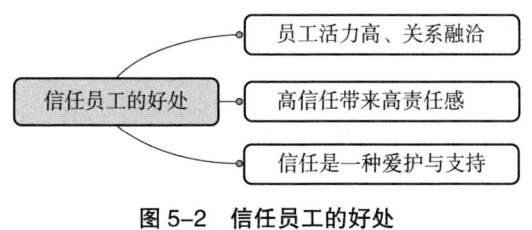

图5-2 信任员工的好处

第一，与在低信任组织中工作的员工相比，高信任组织中的员工生产力较高、工作更有活力、与同事合作较佳；而且，任职的时间较久，员工承受的长期压力较轻,生活比较快乐,而这些因素促使他们的绩效做得更好。

第二,对员工的信任与员工的责任感往往是保持一致的。通常,一个受上级信任、能放手做事的员工会有更高的责任感,无论上级交办什么工作任务他都会全力以赴,达成期望的目标。

第三,信任员工也是对员工的一种爱护和支持。对于那些扮演试验者、拓展者、探索者角色的员工,那些敢于直面管理者错误而提出建议或意见的员工,管理者的信任是其最后的精神支柱。柱倒则屋倾,切不可轻易动摇对他们的信任。

在企业管理实践中,管理者对员工表达信任的方式灵活多样,以下列举七种常见的形式,见图5-3。

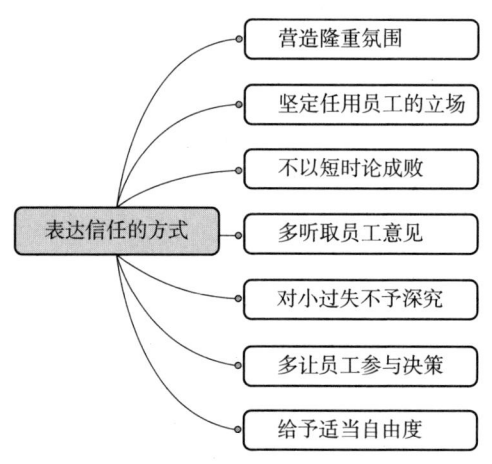

图5-3 信任员工的七种表达方式

第一,在公开场合,刻意营造一种隆重的氛围,将艰巨或重要的工作授权给某个员工,使其感受到这是上级对他的最大信任,即"被尊重"。

第二,管理者听闻有人对员工进行不公正非议时,应当旗帜鲜明地予以驳斥,并且一如既往地任用该员工。

第三,不以一时的胜败论英雄。在员工屡遭挫折、工作进展不顺利时,绝不能因此而抹杀他过去的成绩,怀疑他固有的才能,草率地中途换人。管理者应及时向员工提供必要的支持和帮助,消除他心中的阴影和疑虑,尽快恢复他战胜困难的信心和勇气。

第四,在和员工一起研究工作时,只要条件允许,管理者就应该先听取员工的意见和看法。当员工表现出含糊其词或竭力"靠拢"上级观点时,管理者应及时鼓励员工坦率地提出不同意见。在员工面前充分发扬民主作风,体现对员工的最大信任。

第五,有意"免检"员工从事的某项工作,甚至对员工在工作中偶尔出现的小过失佯作"不知",只要本人知错就改,不再重犯,就不予深究。通过这种宽容的做法,可以使员工切实感受到管理者对他的信任。

第六,在制订计划、执行、检查、总结等管理过程中,应尽量让员工"参与",让他们充分发表自己的意见。通过最大限度地满足他们"参与"的心理,来增强他们对管理者的信任感。

第七,给予员工适度的自由,让其根据自己的兴趣、特长和追求,努力实现个人的目标。某些时候,员工在个人小目标上取得的进展,不仅不会影响上级制定的大目标,反而更有助于大目标的提前实现。

授权给员工的前提就是信任,信任是授权的根基,管理者只有做到充分信任,才能合理授权,否则授权就会失去意义。

5.2 懂得给责任，不怕他走人

我在与同行交流时，总会听到一句话：我们公司，什么事都必须请示领导，领导不给句话，事情就搁置了。对于这种现象，我曾经深切体会过一次。公司在头两年对一个事业部试行过为期一年的扁平化管理。公司希望通过以点破面的方式将整个组织从科层制变成扁平制。

管理者的想法很好，可结果却非常糟糕。没有一个项目组的带头人敢承担责任。他们虽然挂着"项目经理"的头衔，但却不具备任何行政级别上的实权。为了避免出错，他们不约而同地将每一件需要做决定的事都找事业部老总汇报。因为在扁平化改革中，除了事业部老总，其他所有人都属于员工，没有领导层级之分。显然，这一改革以失败告终。为了给老总"减负"，企业不得已重新回到科层制，设置部门与科室，让不同层级的管理者承担起不同的职责。

"责任是一只猴子"，这是威廉姆翁肯提出来的"猴子管理法则"。他口中的"猴子"是指"下一个动作"。本该由员工自行完成的工作，却因为逃避责任或者管理者没有赋予责任的缘故，只能将工作的决策权交回给管理者。如此一来，管理者自己的时间将变得不再够用。"猴子管理法则"的提出，旨在帮助管理者给予员工恰当的责任，让员工能用正确的方法做正确的事。为此，管理者就要让员工自己承担责任，能够去抚养自己的"猴子"。

管理者有时候很难让员工自己去抚养"猴子",原因虽是多方面的,但主要还是管理者的意识问题。在他们看来,让员工成长不是一件好事。成长起来的员工,不再需要自己,自己的地位可能不保;可能造成员工的流失,好不容易培养起来,却帮别的企业做了嫁衣。这些想法是不对的。首先,只有员工成长起来才能证明领导的价值;其次,有能力的员工能够获得更多的企业资源,才更有可能长期留在企业发展;最后,员工流失本就是正常现象,有序流动能够增强企业活力,本就无须过多担心。

为了赋予下属责任,养大他们自己的"猴子",管理者需要记住以下准则,见图5-4。

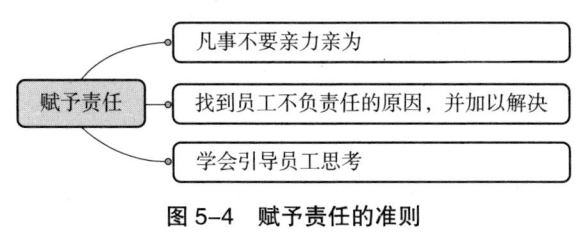

图5-4　赋予责任的准则

第一,该员工做决定的事,一定要让员工自己做决定。企业经营中并不是所有事情都需要领导做决定。首先,对于员工职责范围内的事,员工完全能自行做出判断、做出决定;其次,员工对手头事情的来龙去脉更清楚,能够更深刻地理解问题,做出判断。如果事事让管理者判断容易将问题放大。

第二,员工不做决定,意味着其在工作中不愿负责任。员工不愿负责任可能出于两方面原因:其一,管理者不愿下放责任,员工想承担责任也不可能。这就需要管理者改变自己。其二,员工即便知道能够做决定,也不愿意,他们习惯于依赖领导。那么,管理者就要考虑,是否需要淘汰该人员,因为他们往往不堪重用。

第三，锻炼员工独立思考的能力。员工知道自己有做决定的权力，但是却不知道如何做的情况普遍存在。那么，管理者就要引导及训练员工具备独立思考的能力和勇于承担责任的行事作风。例如，员工在请教解决方案选 A 还是选 B 的时候，即便管理者知道 A 更好，也请不要直接说出口，而应该重复思考与选择的过程，一步步引导员工自己做出选择 A 的判断。在多次的锻炼过程中，员工自然也就清楚再碰见问题时该如何思考与做出决定。

在培养下属、下放责任这件事上，每个管理者都应该意识到：不能因为怕员工走人而不给他责任。这种管理思想对企业来说百害而无一利。人才都是流动的，想要留住他们，企业需要在他们做出贡献的同时，给予相应的回报。这也是我们在最后两章要谈到的激励的作用。

管理者应该让每个员工都能够照顾好自己的"猴子"，不要麻烦同事或者领导照看"猴子"。正常的团队应该是大家都抢着照顾"猴子"，而不是千方百计扔出去，如此方能形成人岗匹配、团队优势互补的局面。

5.3 放权给员工，让他实现自我价值

关于授权的话题，屡见不鲜。比如巴菲特，他不仅是一位投资大师，更是一位管理高手。数十年的管理生涯，巴菲特通过授权让自己从繁杂的工作中解放出来。授权后不干涉下属，也不让其经常汇报，让下属能够自我成长，实现自我的价值。巴菲特对自己的缺陷洞察很深，因此他更善于给员工搭好表演的舞台，而不是自己跑到台上去表演。

英国证券交易所前主管 N. 古蒂逊曾说过，"一个累坏了的主管，是一个最差劲的管理者"。可见，作为管理者，如果把一切权力都攥在手里，事无巨细，整天疲于奔命，那绝不是一个英明的管理者。管理者要善于授权，首先得清楚授权的内容，有准备地将权力授予下属。

授权一般包括两个方面的内容：一是分派任务，即管理者将部分任务分派给下属，让下属独立完成；二是授予权力，即将权力授予下属，使之有权处理具体的某项任务。许多管理者对授权的理解存在严重的误区，认为授权等于将这部分职权放弃。实际上授权只是一种暂时性的行为，它将随着项目的完成而消失，在此过程中，管理者还可随时收回授予的权力，重新授权。充分了解授权的特点，有助于管理者大胆授权，也有助于管理者在授权时，更好地掌握尺度。

当一个管理者准备授权时，应注意以下五点：

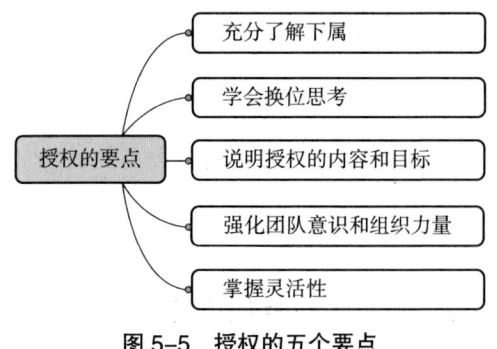

图 5-5 授权的五个要点

第一，充分了解下属。通过有效沟通，了解下属的能力特点、思想观念。一般情况下，只有当下属具备一定的工作能力，又有工作意愿时，才是实施授权管理的最佳机会。

第二，学会换位思考。洞察下属的心理活动，力争每一项授权工作，都让其感到自己在上级心目中拥有一定的位置，这样才能充分调动下属的积极性，按照管理者的意图完成任务。

第三，说明授权的内容和目标。授权之前，管理者需要对目标和责任的范围有详细的交代，不仅仅是如何履行责任，更重要的是预期的结果和目标。任何的模糊不清，都会使管理者的意图被错误地理解。

第四，强化团队意识和组织力量。授权的目的是强化组织，并非为了个人的利益。授权做得好，实现每个员工的自我价值，就能打造出一支充满活力的员工队伍，从而提高组织的核心竞争力。

第五，掌握灵活性。权力的授予对管理者来说，其大小、范围、期限都需根据实际项目来定，同时，也需根据每个下属的能力做不同的分配。

在授权方式上，根据授权受制约的程度，可分成五种类型（图 5-6），越往上，授权程度越高。

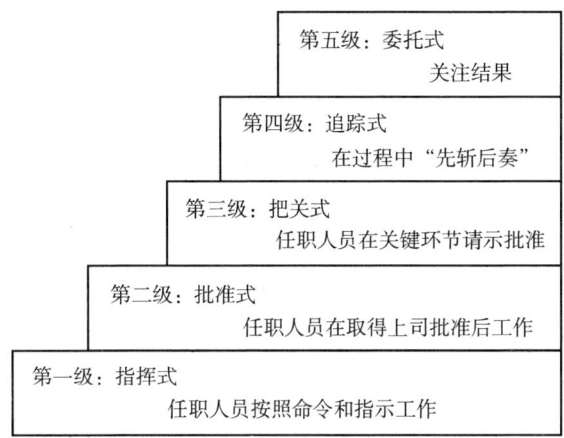

图 5-6 授权的五种类型

1. 指挥式

这是授权最低的一个级别,管理者以指示的方式控制下属的工作行为,下属除非得到命令和指示,不能擅自行动。

2. 批准式

下属自己提出或拟定行动计划和工作方法,但在行动之前都必须得到管理者的批准。未得到批准的想法和计划不得实施,凡得到批准的,可以在批准的范围内实施。

3. 把关式

大部分工作由下属做出决定,管理者只对其中某几个关键环节把关,也就是在关键环节下属必须请示上司获得批准后方可行动。

4. 追踪式

该方式属于"先斩后奏"之权,下属可以自主决策,但在关键环节必须及时汇报,管理者根据工作进展情况判断授权是否适度,是否需要采用其他授权方式。比如本章开篇讲到的海底捞一例。

5. 委托式

这是最高的授权等级，即授予下属开展工作所需的全部权力，让下属充分发挥主动性和创造性，按照自己的方式行动。管理者只对目标是否按时达成感兴趣，而不会在工作过程中干涉。

以上五种类型，管理者应根据具体的工作情况和特点进行选择。

此外，为使授权行为得以成功运作，管理者还需建立一套完整的管理机制，对可能发生的问题做好充分的准备，这样才能处变不惊。授权管理机制可分为事前准备机制和事后监督机制，见图5-7。

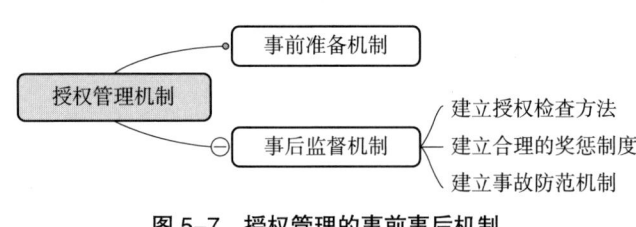

图5-7 授权管理的事前事后机制

1. 事前准备机制

事前准备机制类似于对员工的岗前培训，其目的是使被授权人具备胜任素质，包括工作经验、决断能力等方面。管理者可在平时将一些重要性较弱的小项目授权下属独立完成，并注意严格培养他们的综合素质，使之有资格、有经验去承担未来可能面临的突发性任务。权力与责任需采用渐进的方式，随着员工工作经验的增加，管理者逐步赋予其更大的权力和责任。切忌立即将下属摆在狂潮前沿，这样很容易造成严重损失。

2. 事后监督机制

事后监督机制的建立，可以帮助管理者掌握工作任务的进度，及时发现问题，防止重大事故的发生。包括以下三个方面：

一是建立授权检查方法。管理者应掌握任务的时间进度，在进程中根据时间进度表及时听取被授权者的报告，帮其解决具体问题。这种方法可以通过项目统计报告或抽样检查等量化的方式进行，也可以由管理者亲临现场考察。

二是建立合理的奖惩制度。有效激励是现代管理理论的重要组成部分，合理的奖惩制度对任务负责人来说是一种肯定，也是一种鞭策。有效的激励可以提高员工的工作热情，以更高的效率投入工作，保证任务的完成。

三是建立事故防范机制。任何工作都有可能发生难以预测的阻碍，突发性的变故很可能对被授权人的工作产生严重干扰，因此管理者有必要建立突发性事件以及事故防范机制，未雨绸缪，保证任务的正常开展。

5.4　适时授权，让员工甩掉"打杂"头衔

我的一位朋友因工作表现出色被提拔为部门经理。他走马上任后，凡事都亲力亲为，他相信，凭借自己多年的工作经验和个人能力，完全能够创造最佳业绩。但很快他就发现，团队里其他成员没什么事可做，而他自己永远在忙，这一度让他有些困扰。

为了改变这一现状，他将工作任务重新进行了分配，希望下属能有事可做。经过一段时间他却发现，自己直接负责的业务推进得非常顺利，但整个团队的成绩仍不尽如人意。这让他更加疑惑了，工作本身难度不大，交给下属的也都是简单的任务，为什么还是做不好？他不清楚的是，他的所谓"授权"让员工觉得自己就是一个"打杂"的，一点工作激情都没有。

我朋友的这种授权方式是"打杂"式的授权。如此，管理者不仅自己会身心疲惫，也无法使员工的能力得到锻炼。有能力的管理者都精通授权之道，他们大胆任用自己的下属，心甘情愿地将权力下放，而不仅仅是让他们"打杂"。

思科公司的总裁约翰·钱伯斯非常乐于授权给下属，他曾说：也许我比历史上任何一家企业的总裁都更乐于放权，这使我能够自由地旅行，寻找可能的机会。钱伯斯认为，一群人总是能打败一个人，如果拥有一群精英，那就有机会建立一个王朝。管理及领导权威史蒂芬·柯维在《高效能人士的七个习惯》中写道：有效授权也许是唯一且最有力的高杠

杆作用行为。

管理者合时宜的授权，是在了解员工的基础上，做出的进一步规划。每个员工都有自己擅长的领域，管理者在授权的时候应该做到人尽其才，对擅长不同领域的员工，授予他们不同的权力，让他们有自主决定的自由，这样才能让员工觉得不是在"打杂"。

为此，管理者需要明确三点。第一，授权有明确的时间期限。管理者在授权的时候，必须规定明确的时间期限。被授权者在有限的时效之内，针对某一阶段要完成的任务全力以赴。第二，授权要明确所要解决的问题。对一些具体性的工作，如设计、规划、谈判等，管理者要明确授权想要达到的目的和想要解决的问题，要做到心中有数。第三，授权要做到定量。管理者要制定衡量行动结果的标准，使员工的结果能够通过最简单、最直接的数据表现出来，使被授权者对行动的价值有充分的认识。

授权不只是让员工做一些枯燥乏味的事情，而是让员工感受到工作的自主性。要想让授权达到理想的效果，管理者还需要把握好授权的四个原则，见图5-8。

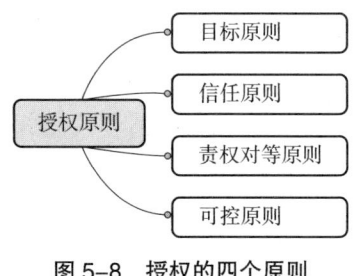

图5-8 授权的四个原则

1. 目标原则

实现管理目标是管理工作的最终追求。管理者所选择的权力授予者，应具有实现管理目标的能力。此外，授权的目的，是让被授权者有充足的职权，用来顺利完成所托付的任务。

2. 信任原则

授权必须遵循信任原则，这是授权的基础。管理者既然把权力下放给员工，就应该信任他，不能处处干预。员工接受职权后，也应自觉完成自己的分内工作，不必事事向领导请示和报备。

3. 责权对等原则

员工有权无责，那么他们在行使职权的时候，就容易出现随心所欲、缺乏责任心的情形；权大责小，则在用权时往往会疏忽大意，责任心也不会太强；权小责大，则不能在承担责任时，运用应有的权力。因此，权与责应该保持对应、对等的关系，授予员工多大的权力，就要让其承担多大的责任。

4. 可控原则

授权后如果撒手不管，对员工的一切不闻不问，那必然导致局面失控。对于管理者来说，既要实现授权，又要避免失控。管理者在实施授权之前，首先要建立起一套健全的控制制度，包括制定可行的工作标准、适当的工作报告制度，以及在异常情况下采取迅速行动的补救措施。

总的来说，有岗就有职，任职就有权。授权是管理者必备的管理素质，是一种非常重要的领导方法，也是一种高超的用人艺术。

5.5 及时干预，避免出问题

在论述本部分内容之前，我们继续来看一个关于"猴子"的寓言故事。

有位国王长时间待在王宫里，感到很无聊。一个大臣察觉后，便找人牵来一只猴子给国王解闷。国王果然很开心，猴子天性聪明，很快就得到宠爱，国王甚至把自己至爱的宝剑让猴子拿着。

第二年春天，国王来到王宫附近一片景色秀丽的树林游玩，他将所有的随从都留在林边，只留下猴子给自己做伴。在树林里游玩了一番，国王感到有些疲倦，就告诉猴子自己在花房里睡一会儿，请猴子竭尽全力保护他。国王睡着后，猴子看见一只蜜蜂飞到国王身边的花丛中，继而又飞到了国王的头上，猴子不由得大怒，抽出宝剑照着蜜蜂就砍下去，结果却把国王的脑袋砍了下来。

这则寓言告诉了我们一个道理："国王"作为管理者，将保护自己的权力授给了无法承担保护责任的"猴子"，在对"猴子"授权后也没有进行有效的干预，不仅将宝剑交给了"猴子"，就连一直尽职尽责保护自己的随从也被支开，正是这种不科学的授权，最终导致了悲剧的发生。

在企业中我们不难看到，一些管理者盲目地授权给下属做事，做得好，业绩是下属的，若做得不好，责任就归管理者自己。而下属由于不必承担责任，便对事情的执行、处理大打折扣。因此，授权与干预应该相辅相成，管理者授权之后，如果不能对过程进行有效干预，轻则影响整体业绩，重则造成无法弥补的后果。

所谓干预，是管理者在授权后，帮助员工了解如何完成工作任务，以改善工作能力和成效的过程。干预更多关注工作过程与方法，而非工作结果。管理者在干预时，应向下属强调识别与诊断问题的必要性，并积极参与到解决问题的过程中去。要意识到，员工具有不断自我发展的潜能，可以自行解决问题并做出决策。

要做到及时、有效的干预，管理者应从目标控制和适当追责两个方面做出努力，见图5-9。

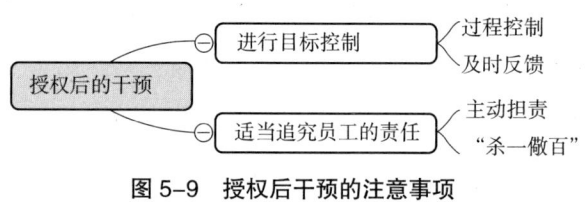

图5-9　授权后干预的注意事项

1. 进行目标控制

不少企业管理者常有的逻辑是：为实现工作上更大的突破，采取加大授权力度的方式，结果出现管理的失控，于是准备收回授权，这也是为何许多中小企业常出现"一放就乱，一乱就收，一收就死"现象的原因。想要规避这一现象，就需要做好授权后的目标控制，这是任务达成的强有力保障。进行目标控制有两种方法：

（1）依据工作目标和绩效标准进行过程控制

若目标任务很大，可分解成几段分别检查。检查要根据工作的难易程度、员工的能力及完成90%工作需要的时间长短来开展。若管理者为了更好地挖掘某员工的潜能，把一件有较大困难的工作授权给他，那应把检查次数定为其他员工的两倍。

此外，找被授权人进行个别交谈，也是常用的方式。一来能了解被授权人对责任的理解程度、对承担责任的真实态度以及基本的工作思路，便于及时发现问题，当即做出进一步的激励性引导。二来为责任人提供一个表态的机会，促使其提高认识、理清思路、做出承诺，这对被授权人无疑是一种巨大的自我激励。

（2）及时反馈

管理者可以要求员工定期向自己反馈工作进展情况，对工作进程的重大事项进行说明，以保证授权沿着预定轨道前进。反馈内容还包括在工作中遇到的问题和解决问题的方法等。最后，还要向员工指明必须完成工作的期限，以及达到要求的行动方案，以激发其继续努力工作。

2.适当追究员工的责任

当员工未完成任务或者将工作做得一团糟时，管理者可对其进行指导。但是，如果指导无效，或者员工依然我行我素时，就不能再纵容员工，必须对其进行适度的惩罚。惩罚有轻有重，管理者在实施这一措施时应考虑到如下问题：惩罚过轻，起不到作用；惩罚过重，则可能会使员工难以承受，甚至出现离职的情况。所以，在惩罚员工时要掌握一定的技巧。

（1）主动承担责任

作为管理者，不妨对失职的员工真诚地表达"责任也有我的一份"，并且说明之所以会出现这样的局面，和自己检查不严或监督不力有关。如此，不仅能显示出自身独特的魅力，还能让员工认识到自己的错误，从而下不为例，努力弥补自身错误。

（2）必要时尝试"杀一儆百"法

对于那些较为极端，因工作玩忽职守、人为因素造成履行责任不力的员工，必须给予严厉的惩罚，如单独面谈建议责任人主动辞职，或在开会时宣布失职的责任，并给予惩处的决定。

总之，授权不是万能的灵丹妙药。授权后，并非万事大吉，紧接着还需要有步骤、有目的地检查责任的落实情况，要善于把检查、督促的干预过程变成对员工的"二次激励"。

5.6 把重权授予德才兼备的员工

在本章的最后,我想阐述一个与授权高度相关的话题——德行。我的一个朋友曾跟我说:"以前刚创业的时候,我招人看才干,因为有才干的人可以直接给公司带来效益。现在公司业务稳定了,我招聘最重要的是看品德,因为品德好,工作态度才好,工作技能可以教,才干也会慢慢显露。"

很多企业在招聘的时候,首先会想这个人的才能是否和公司招聘需求相匹配,却忽视了品德这一关。大多数企业在用人时,往往更重视才干,而忽视了品德这个最基本的因素。

对于管理者而言,"德为先,才为次。何为德,公平是德。无私为公,不偏为平"。分配公平的管理者,即使才能不足,只要具备了"德",就能够让大家认可利益的分配,激发员工发挥更大的价值,并在组织内部建立良性运营机制。可见,德之重要。

孔子曰"子欲为事,先为人圣",做事先做人,而做人就要做一个品德端正的人。在企业用人时,管理者需要根据人员特点,将员工分为可利用之人、可用之人和重用之人,见表5-1。

表5-1 企业人才的类别

类别	特点
可利用之人	A. 授予的职权十分有限,不会影响大局; B. 严密监视并控制该员工,任用有明确的期限; C. 一般很短,期满需要重新任命; D. 一旦完成使命,管理者可能马上对被使用的对象弃置不用; E. 具有一定的伪装性,被利用对象往往察觉不出自己受到了利用; F. 管理者与被使用者缺乏共同语言,双方互有戒心,但又各有所求

续表

类别	特点
可用之人	A. 70%以上的员工都是被使用对象； B. 管理者往往对被使用对象具有一定程度的信任； C. 在一般情况下，对被使用对象具有宽容的态度； D. 考虑被使用者的相关意见和采取必要的关注； E. 注意在制度化的基础上引入公正、合理的竞争等
重用之人	A. 信任度最高，感情因素居主导地位； B. 在动态过程中保持较深的理解程度； C. 下属都有进一步得宠或突然失宠的可能性； D. 下属事实上掌握着决定工作或项目发展的参与权

员工究竟值不值得重用，不是看他平时表现有多好，而是看他"失序"的时候到底有多坏。有些员工在老板面前，口口声声讲着为公司奉献，可转身就偷拿了公司的财物。有些员工一旦工作失利，就把责任推给别人。有些员工在职时岁月静好，一旦离职或者被劝退，便觉得全公司都欠他的，删除公司文件，损坏公司物品，诋毁领导同事，尽显德行的丑陋。

管理者往往求才心切，发现某人有一技之长，便不加深研而委以重任。殊不知，有些人虽然学有所长，但由于自身某方面存在"致命"的弱点，说不定会坏了企业的大事。所以，对这些人应进行区别与分类，量才而用，不可轻易重用。被重用的人才要求德才兼备，他们的品格与素质高低决定着部门及企业的业绩成果。

"你若盛开，清风自来"，品德自带吸引力。好的品德，加上充分授权，才能发挥最大的功效，产生最高的效益。史蒂芬·柯维在《人品》一书中说道：如果一个人家庭不幸福，工作不顺利，前途不光明，那一定是人品不够好，就好像银行账户里，没有足够的存款为幸福生活买单一样。

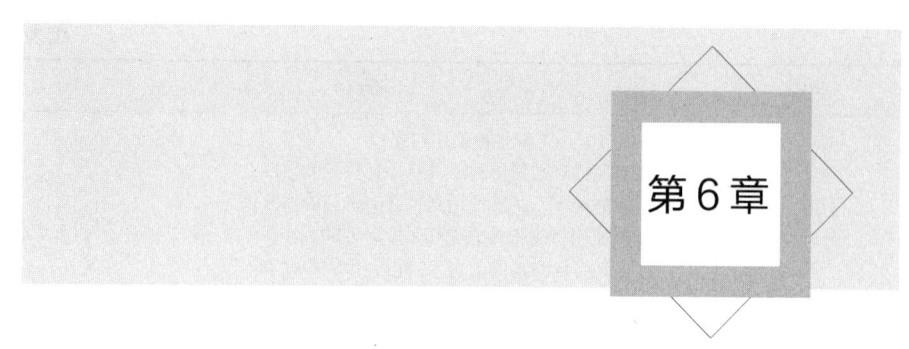

第 6 章

善于沟通，刚柔并济

6.1 沟通要到位，不让员工做无用功

有次开会，领导说了很多任务，其中一项策划任务交给了我的同事小董。小董按照领导要求，做了一版策划，拿给领导看，领导却直摇头，每看一个部分，领导都要说一句"这里为什么要这么做，而不是按照我的意思去办"。小董很纳闷，明明是按照领导的意思做的方案，为什么领导会说"不是"。

抱怨归抱怨，工作还是要做。小董按照领导的要求做了修改，再拿给领导看，结果并没有好多少，依旧很多地方领导不满意。说到后面领导发火了："为什么你就是听不懂我说的话呢？为什么你就一定要按照你自己的意思去理解，难道我解释得还不够清楚吗？！"类似的场景经常上演：领导已经交代了工作，可员工反馈的结果却不能让领导满意。究竟是领导没表达清楚，还是员工理解错误，导致做了无用功呢？

事实上，人与人在信息上的交流并不高效，甚至非常低效。其中一个原因就是，我们总会以为，对方的底层信息足够丰富，能够很快理解我们说的是什么意思，可实际上，对方知道的并不多，是我们高估了对方对事情的了解程度。

信息掌握程度不匹配导致了沟通内在的缺陷。而"信息黑洞"的存在，让问题变得更加严重。信息过量对我们的交流并不总是好的。信息过多，自然就会整合后再交流。一旦原始信息被整合，"信息黑洞"就产生了。例如，让一排人站列，只让第一人从工作人员手上获取信息，然后一个一个传递下去，等到最后一个人再复述出来时，整个信息已经完全变了味。这就是"信息黑洞"最形象的展示。

每个人习惯性地以自己的认知去解释一件事，于是，随着传递次数的递增，信息被不断地重组，导致最终被接收到的信息已经和最开始的不一样了。这种现象的深层原因在于，每个人对信息整合的方式，都朝对自己有利的方向去展开，都是站在自己的立场去理解和解释。就像员工犯了错，就一定会找一个理由，让自己看起来不必负那么多责任。

一个完整的信息传递过程，包括输出者、接收者、信息、通道四个主要因素。信息经过层层编码，会出现极度的扭曲，另外，还存在外界噪声的干扰。传递的过程越长，信息的不对称性越高，见图6-1。

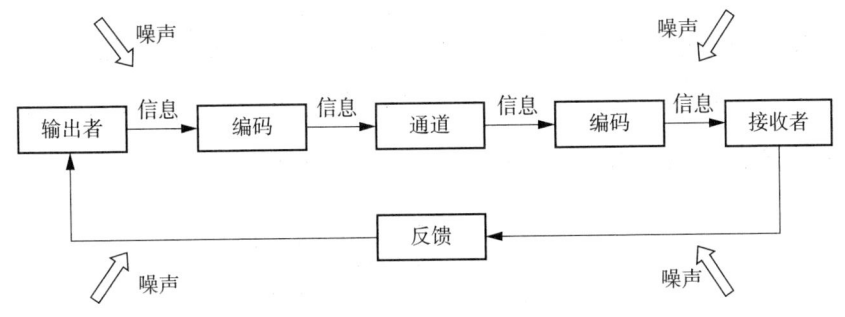

图6-1　信息传递过程的噪声影响

在管理者的理解中，自己所表达的意思再简单不过，就是"A–B–C"，但员工接收到信息后，又从他的角度出发，对信息的理解就成了"A–C–D"，在这种理解上做出的策划方案，自然就不是管理者想要的。从表面上看，管理者会认定员工没理解自己说的话。实际上，并不一定是员工没理解，可能当管理者说出这番话时，自己就已经传达出了错误的信息。

图6-2是一个非常形象的信息传递过程，信息发出方按照"圆—三角—正方形"展示他想要表达的内容及过程，但信息接收方不仅改变了信息本身的固有形态，甚至会改变信息传递的顺序，从"圆—三角—正方形"变成"椭圆—长方形—五角形"。

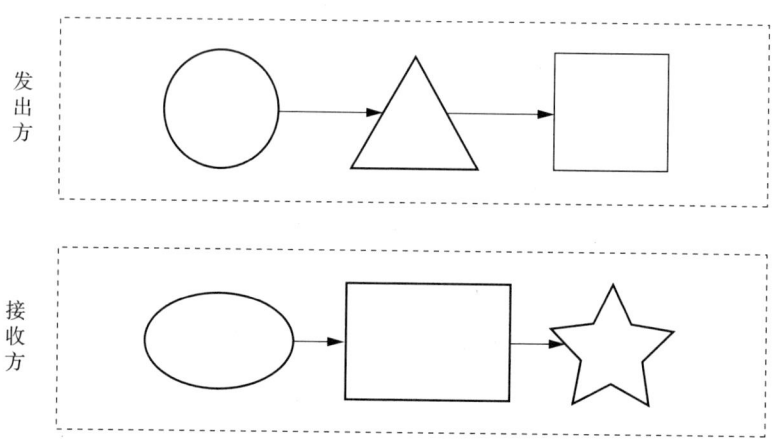

图6-2 错误的信息传递过程

良好的沟通，建立在认清事实的基础上。为了避免"你说的他不懂、他说的你不听"的情况出现，也为了避免做无用功，在沟通时，以下五个原则是需要掌握的，见图6-3。

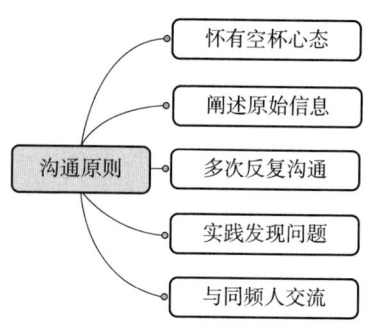

图6-3 良好沟通的五个原则

第一，不要认为自己或对方懂得很多，要有空杯心态。只有当双方都意识到，自己和对方都知之甚少时，自己才会从基础的地方开始讲起，对方也才能接收到完整的信息，而不是构建在"虚拟认知"之上的低效沟通。

第二，对信息的转述要尽量原始，不要经过多重筛选与整合。原始数据最能说明问题，筛选与整合只是在此基础上做提炼，并不能取代原始数据的地位。基于原始事实的转述，能最快让对方与自己处于同一认知水平上。频率同步，才好高效传输。

第三，对一个信息的传递，要反复多次确认。通过多次沟通，才能不断修正双方对信息理解的偏差。信息偏差不是完全无法消除，只需多沟通几个回合即可。最好的办法就是，一有问题就及时沟通，这样便能更早地发现双方在理解上的偏差，也就更容易意识到问题所在。

第四，对需要落地的事项尽早落地，在实践中发现问题。有时候事情坏就坏在花太多时间去考虑，但就是不行动。空想和行动最大的区别在于，行动才能真正发现问题之所在。这时候再解决，比空想遇到的问题更切合实际，效率也就更高。

第五，一定要与有认知交集的人沟通。完全不在一个"频道"上的人，信息的传递始终处于阻隔状态，无论怎么修正都无济于事。正如我们前面章节中阐述的，挑选合适的员工最重要。理解沟通的本质，我们才能将沟通运用得更加炉火纯青。下面我们将聚焦常见的沟通场景，具体阐述沟通的技巧。

6.2 员工有矛盾，处理前要找到根源

我朋友所在的公司是一家专门从事通信产品生产和电脑网络服务的中日合资企业。公司自成立以来发展迅速，销售额每年增长50%以上，与此同时，公司内部也存在着不少员工矛盾，影响着组织绩效的继续提升。

由于是中日合资企业，所以日方管理人员带来了许多管理方法，但却未必都适合中国员工。例如，在日本，加班不仅司空见惯，而且没有报酬，故管理层也效仿日本的加班模式，这引起了员工的广泛不满，部分优秀员工还因此离开了公司。此外，公司的组织架构是直线职能制，部门间的协调非常困难。例如，销售部员工经常抱怨生产部效率太低，使自己错过了销售时机；生产部员工则抱怨研发部开发的产品不符合生产标准。

在此案例中，我们发现管理层与员工之间存在矛盾，员工与员工之间亦存在矛盾，要想妥善处理这些矛盾，管理者必须事先找到根源，再沟通解决。图6-4展示了管理者与员工之间产生矛盾的常见原因，图6-5展示了员工和员工之间产生矛盾的常见原因。

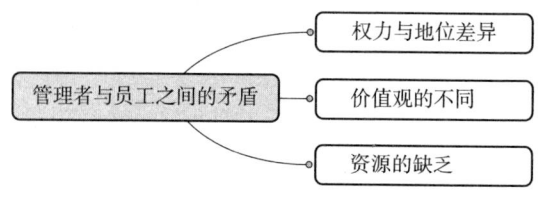

图6-4 管理者与员工之间产生矛盾的原因

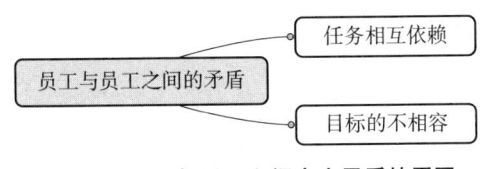

图 6-5 员工与员工之间产生矛盾的原因

管理者与员工之间产生矛盾的原因主要有：

1. 权力与地位差异

管理者运用行政权力要求员工加班，但没有给予任何报酬作为补偿；而员工则没有充分的权力维护自身的利益。

2. 价值观的不同

中国员工在价值观上有别于日本员工。管理者要求员工长时间加班，如果没有相应的报酬，很难调动其工作积极性。

3. 资源的缺乏

管理的重要性很大程度上体现在对资源的合理配置上，而可用的资源总是有限的。要求员工加班，通常也应提供合理的加班费作为补偿，但管理者却始终希望把人力成本维持在一个较低的水平。

找到了根源，管理者可根据实际情况合理设计薪酬体系，重新激发员工的积极性，并在人力成本与员工绩效之间取得动态平衡。

不同部门员工之间产生矛盾的原因主要有：

1. 任务相互依赖

各部门之间存在着任务依赖性，而直线职能制组织结构的先天缺陷又削弱了不同部门员工之间必要的沟通，从而导致任务的不协调。

2. 目标的不相容

不同部门的员工都有自己的绩效目标，比如销售部员工希望增加产品线的广度以适应多样化的市场需求，生产部员工则希望减少产品线的广度以节省成本，即销售部门的目标是顾客满意，生产部门的目标是生产效率，因此就产生了矛盾。

针对上述原因，企业管理者可通过信息管理系统来促进跨部门或跨团队信息的流通，让不同部门员工及时掌握有用的数据，避免类似矛盾的发生。

管理者与员工之间的矛盾，管理者需要承担主要责任，相对容易解决，但员工之间的矛盾却不会自行消失，管理者如置之不理，内部矛盾只会逐步升级。在查找根源的过程中，管理者需要把握三个重要的原则，见图6-6。

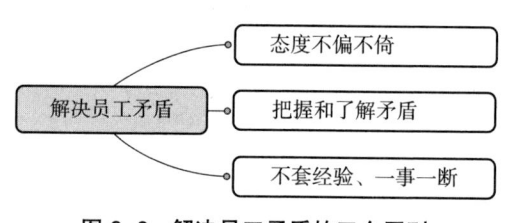

图6-6　解决员工矛盾的三个原则

1. 态度不偏不倚

在调查员工矛盾时，管理者首先要秉公办事，不偏不倚，不能有私心。管理者稍有偏心、私心，员工就能感觉出来，不利于矛盾的后续处理。

2. 把握和了解矛盾

处理好矛盾的前提是把握和了解矛盾，要调查清楚员工之间矛盾产生的原因、矛盾发生的过程、矛盾发展的程度、矛盾波及的范围、矛盾的性质。如果做不到把握和了解矛盾，凭自己的主观判断想当然，感情用事，最终的结果是激化矛盾。

3. 不套经验、一事一断

管理者根据矛盾产生的原因、过程、程度、范围、性质，以及对组织的影响程度，做出理性的分析与判断，以确保解决方案能因地、因人、因事而异。

在这个过程中，管理者可以借助"3F法则"来判断问题，帮助自己提升沟通效率、最终快速找到矛盾的根源并解决实际问题。"3F"具体是指Fact（倾听事实）、Feel（觉察感受）和Focus（聚焦意图），见图6-7。

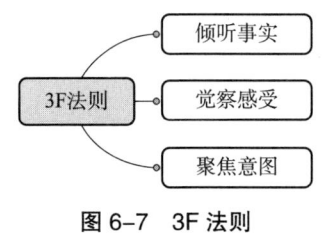

图6-7　3F法则

运用该法则时，管理者可以听懂当事员工表达的意思，并通过观察与分析其言行举止，一步一步聚焦矛盾的核心要素，最终彻底解决问题。

1. 倾听事实

管理者在调查和处理矛盾时，最容易犯的错误便是一开始就带着自己的主观目的、要求和偏好去倾听。此时，大脑会自动关注和自己有关、对自己有利的信息，而屏蔽与自己无关，或与自身利益冲突的信息。这些强烈的主观代入都会影响管理者客观、全面地获取信息，因此，站在中立客观的角度去倾听员工的声音显得格外重要。

2. 觉察感受

管理者在与当事员工沟通交流时，不仅需关注员工说话的内容，更要注重其语气、语调及身体语言等因素。许多时候,这些因素往往更能丰富地展示出一个人想要表达的真实想法。例如,当事员工语气很平稳地说了一句:我对公司印象不好。或许管理者听完后会觉得正常,毕竟不是每家公司都十全十美。但如果对方加重了语气,并运用了一些面部表情和肢体动作来表达他对公司的不满时,管理者就需要明白,或许员工对公司的不满已经达到了难以忍受的地步了。

3. 聚焦意图

管理者通过前面的倾听、感受,最终目的是要了解清楚员工产生矛盾的根源是什么。只有聚焦了员工说话的根本意图,才能弄清楚问题的真相、找到引起矛盾的根本原因,并"对症下药"地从源头解决问题。

6.3 员工离职时，面谈沟通有技巧

三国时期，刘备创业前期的首席谋士徐庶，因为老母亲被曹操扣留，不得不向刘备提交辞呈，刘备百般挽留无果，只得进行最后的面谈。面谈气氛恳切感人，刘备不仅放声大哭，还亲自为徐庶牵马，送了一程又一程，不忍分别，让徐庶感动得热泪盈眶，挥手道别走了好几里之后，忽然想起一件至关重要的事，急忙打马回转，特意向刘备推荐接替自己的最佳人选，也就是更胜自己一筹的诸葛亮。

这就是"徐庶走马荐诸葛"的美谈，也是刘备创造的经典离职面谈案例。可见，离职面谈作为员工离职管理中的一部分，具有十分重要的意义，管理者理应掌握相关的技巧及方法。

统计数据显示，目前在国内的大多数企业中，具有离职员工关系管理意识，并建立了面谈沟通制度的不到10%。能够根据离职面谈记录进行数据加工，建立员工流失关键要素分析、流失成本分析，并基于该分析报告，着手改善企业内部管理和组织文化建设的企业不到1%。

行之有效的离职面谈，可以帮助管理者了解到员工离职的真正动因，帮助企业改进用人制度、组织文化等方面存在的不足，甚至及时留下那些并非不可抗力导致离职的核心员工。

员工离职对组织会造成很大影响。由于离职者的心态多是对公司产生了不满，一旦离开后，可能会有诋毁公司的情形发生。因此，做好离职面谈，可以预防很多不利于公司的行为发生。

管理者开展离职面谈，要想真正起到消除误会、留住人才、暴露问题的作用，必须讲究技巧，做到专业化，这也体现了沟通在员工管理中的重要性。管理者不能简单地将沟通局限在对在职员工的管理上，对离职员工，也需要具备良好的沟通意识。离职面谈的六个环节见图6-8。

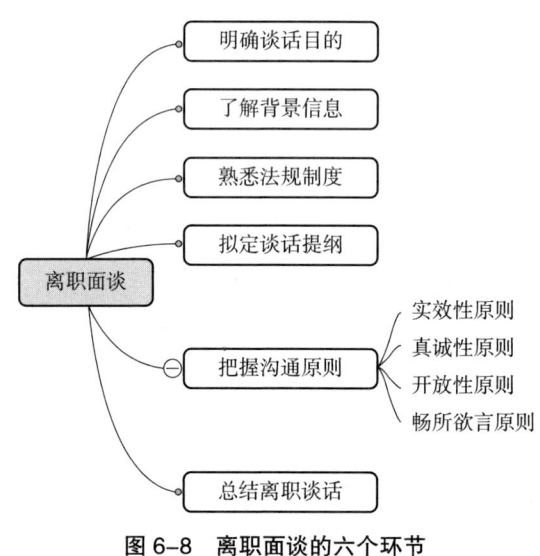

图6-8　离职面谈的六个环节

1. 明确谈话目的

针对不同的离职人员，谈话的目的和重点会有所不同。如骨干员工离职，谈话目的在于留住他，如果留不住，需弄清原因何在，并了解其下一步的打算，以及如何保持良好联系。与辞退员工谈话，目的在于解释和安抚，回应他的抱怨，结合他的特点给出建议。所以，离职谈话应注意对象的不同，确立自己的谈话目的。

2. 了解背景信息

离职面谈要达到好的效果，管理者需要对离职员工的基本信息有事先的了解。这可以通过人事档案，对其年龄、工龄、工作经历、家庭情况以及工作绩效进行了解，也可以向直属上司或有关人员了解其工作表现、个人兴趣。这项工作做扎实了，在离职面谈时，就能把握沟通的主动权。

3. 熟悉法规制度

如今，越来越多员工的法律意识和维权意识在提高，在离职时，员工可能会提到譬如《劳动合同法》上有关的条款，管理者对此要能从容应对。此外，公司的制度和政策与离职员工的切身利益相关，假如管理者对这些内容不熟悉，员工在提及有关问题时，就无法做出合理的解释说明，那么谈话的效果就大打折扣。

4. 拟定谈话提纲

谈话提纲不一定都得写在纸上，但需要有谈话的要点和先后顺序。离职员工一般都是有工作经验的，管理者应结合其性格特点设计有关的谈话问题。

5. 把握沟通原则

管理者在和离职员工沟通的过程中需把握四个原则。

（1）实效性原则

应重点考虑面谈的实效性，若管理者在沟通中花去二三十分钟时间，仅仅只是与离职员工寒暄客套，做表面文章，那将有可能得不到任何具有参考价值的信息。没有进行深度交流，也很难获取对方的信任。

（2）真诚性原则

管理者应尊重客观事实，尊重员工的心理感受，同时，又不能完全顺应离职员工对企业的不满情绪，和离职员工达成共"愤"，而需以树立良好的企业文化形象为基准，巧妙消除离职员工的对抗情绪。

(3) 开放性原则

可以多提一些类似"什么""为什么"等开放式的问题，而不是用"是"或"否"就能回答的封闭式问题，除非管理者需要对某个观点加以确认。

(4) 畅所欲言原则

在离职面谈的过程中，代表企业与离职者进行面谈的人员应多听少说，给予离职员工足够的时间。适当的时候，可以进行善意引导或打消其疑虑。面谈的目的是探出离职人员的想法、意见和一些问题的答案，而不是进行说教或训诫。

6. 总结离职谈话

企业管理者可定期对员工的离职谈话进行总结，对反馈的问题、离职的原因、提出的建议进行整理，提交给相应的决策人和责任人。

从程序上来说，离职面谈通常分两轮：第一轮是由离职员工所在的部门主管负责，对其离职原因进行了解；第二轮则由人力资源部门负责，时机一般选择在离职前几天，此时员工顾虑相对较少，更容易站在第三者的立场对所熟知的情况发表评论。再次强调，重视人才是每位管理者的必修课，但其内涵应是全方位、全过程的，不应只体现在入职和在职过程中，也应该体现在离职面谈中。

6.4 95后吸引法则：思想沟通更重要

现今职场，90后渐渐成为企业骨干，95后也陆续步入了我们的视野，成为职场新生力量。95后既有想法又任性无敌。对他们来说，上班不再是必选项，他们内心的就业观早已发生质变。

不同时代的人有不同的就业观念。80后择业观，是追求一份稳定的铁饭碗工作，解决一家子的温饱问题。90后择业观，则关注自身发展计划，想实现自我价值。95后择业观，希望是弹性工作、有年假、有交通工具、有Wi-Fi。曾有调查显示，近半数的95后希望能通过自己的颜值从事他们最向往的新兴职业——网红、主播、化妆师与游戏测评师。

管理者需要深入到95后，运用符合他们特点的沟通方式，了解他们对职业的要求和期许。阿里巴巴电子商务前总裁卫哲曾说，当你的公司管理游戏化以后，95后就会变得特别好沟通，特别好理解。很多管理者似乎从未真正走进这群年轻人的世界，其实，95后刚刚踏入职场，他们一样有着热爱、期待，需要企业的帮助。

对80后来说，好用比好玩重要。80后会注重性价比，以及这东西好不好用。而95后，好玩比好用重要。为什么？他们没有经济压力，觉得东西好用是必需的，好不好玩才是他选择的重点。对他们来说，工作也需要"好玩"。

以前管理者对80后的激励是奖金、晋升、股权、期权，这些激励特别有效。而对95后，管理者跟他说：你工作做得不错，年底有机会升经理了。他很大概率会说：我为什么要当经理，我不喜欢被别人管，我也不喜欢管别人，晋升对我来说可能没那么重要，还不如给我更多自由。

远在大洋彼岸的硅谷，各大互联网公司最重要的一个比拼，不是拼谁家的股权、期权值钱，而是拼谁家的午饭好吃。这就是95后眼中的"好玩"。股权对他们来说，可能两三年后才有，可那顿午饭却是每天都要吃。很多95后离职的理由是：我们老板不好玩，老板整天只知道谈成长、讲进步。但要说95后不努力，也不对。阿里巴巴每天晚上11点钟下班那些人，绝大部分是95后。很多80后是"干一行，爱一行"，但95后是"爱一行，干一行"。

因此，管理者想要懂95后究竟在想什么，与其采用传统的"说教式"沟通，不如和95后多多进行思想上的沟通。管理者首先要理解，95后在成长过程中接触到最多的事物是什么，然后，用95后最能接受的方法和语言与其沟通交流，达到柔性管理的目的。在做的过程中，以下五点值得思考，见图6-9。

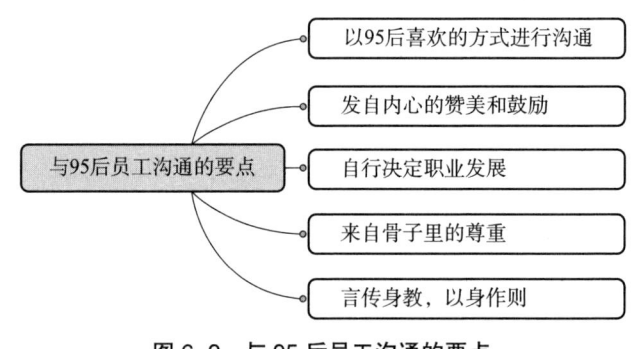

图6-9　与95后员工沟通的要点

1. 以95后喜欢的方式进行沟通

想要与95后沟通，不妨先找到共同的话题。你知道"23333"是什么吗？"双击666"又出自哪里？"A站""B站"是什么，为什么那么深得95后的心？管理者不知道这些潮流元素，也难怪"制服"不了95后。当王者荣耀依旧火得一塌糊涂的时候，一大拨绝地求生的玩家又刷爆了各大网页。这就是95后对游戏的态度，游戏对他们来说，不仅仅是游戏，更是工作之后释放压力的渠道。

管理者可以针对性地开展一些95后乐于参加的活动，如王者荣耀排位赛、微表情包大赛、直播大胃王等。曾经一家互联网大公司校招，就安排了一个直播环节，招聘方带着手机，在公司大楼里来回穿梭，边走边介绍。同学们足不出户，拿着手机就可以直观地看到公司的情况，还可以随时提问，随时获得解答。这种沟通方式，想不吸引95后都难。

2. 发自内心的赞美和鼓励

95后完成了一件工作，管理者应该发自内心地给予赞美和鼓励。例如，95后加班加点完成一件工作，他就需要得到一份认同。管理者应该给予95后语言上的鼓励或物质上的奖励。在工作中获得满足感，能在很大程度上调动他们的工作积极性。作为管理者，除了关注员工的业绩之外，更应该像朋友一样关心他们，关心他们飞得高不高，还要关心他们飞得累不累。

3. 自行决定职业发展

传统的公司经常做一件事，给员工制定一套"职业发展规划"，但对95后来说，个人发展是"我自己的事"，"我的级别我做主"，再也不是管理者口中的"我想晋升你，是对你的恩赐"。想进步，俨然是95后员工个人的事。例如，如果95后员工现在是P4级，要晋级P5级或P6级，则会以P5级或P6级的标准来要求自己。如果有专业培训，95后应该参加，公司可以提醒，但不会强制要求参加。对95后来说，爱这个岗位，想要晋升，自己就会努力。

4. 来自骨子里的尊重

提到尊重，很多管理者会说，现在的95后一点都不尊重我。但是，管理者又给了他们多少尊重呢？没有人不喜欢被尊重，95后也在意领导对他的态度。也许95后的思想还不成熟，但是，他们也需要被尊重。尊重是相互的，管理者尊重95后，不是因为他们业绩好，而是尊重95后每一个个体。业绩好，管理者要尊重，业绩不好，管理者更要尊重，尊重他们的改变，尊重他们的成长，尊重他们一切值得尊重的事物。

5. 言传身教，以身作则

当管理者说95后做得不好的时候，95后也会去看领导是什么样的。如果管理者自己都做不好，95后一定会产生叛逆心理。所以，团队管理者要注意自己的一言一行，己所不欲，勿施于人，如果管理者自己都做不到，就不要去要求95后了，自己做到了，才具备"说教"的资格。

6.5 按章办事，没有规矩，不成方圆

对企业管理而言，沟通逻辑一定是建立在规则之上的，也就是说，但凡沟通，都需有理可循。企业沟通的目的是让工作更具效率。"以人管人"总会有漏洞，因为人都有弱点、有感情，而按章办事，则能起到"以人管人"不能起到的作用。所以，任何一家企业都应有一套适合自己的规矩，这是公平、公正的保证，是有效沟通的保证。

联想集团有很硬的规矩，任何人迟到都要在门口罚站，柳传志在掌舵的十多年中，有四次是站在门口主持会议的。蒙牛能够做到中国乳业的巨头，离不开牛根生所立的规矩。在蒙牛的员工餐厅贴着一条横幅：吃多少饭打多少，喝多少汤打多少。在蒙牛，如有剩饭剩菜剩汤者，一律向希望工程捐款 50 元。牛根生学历不高，做企业不容易，但他能够将小事做到极致，靠的就是立规矩。

"没有规矩，不成方圆"，这句话是绝对的真理。一个组织，若不按章办事，便会产生以下不良后果，见图 6-10。

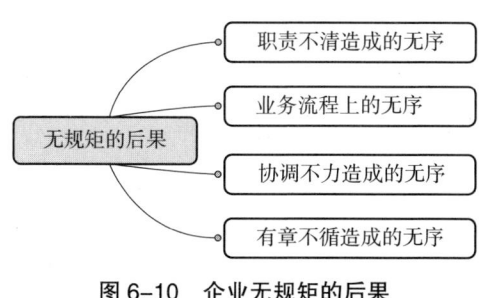

图 6-10　企业无规矩的后果

1. 职责不清造成的无序

在我们过去的管理咨询实践中，经常会遇到这样的情况：某项工作似乎两个部门都负责，但其实谁都没有真正负责。而一旦出了问题，部门间就开始相互推诿扯皮、纠缠不清，使企业运营陷入无序状态，造成极大的资源浪费。

2. 业务流程上的无序

在很多不讲制度、不按规矩办事的企业中，管理者往往采取的是人治的模式，采用直线职能制的纵向部门设置，而忽略了横向的业务流程。各部门大多以本部门为中心，考虑的是一项工作在本部门是否进展顺利，而较少以整个企业为中心。与其他部门协调配合不畅，从而导致流程的混乱，使工作无法顺利完成，加大了管理成本。

3. 协调不力造成的无序

一般来说，协调不力表现为上级的指示不明确、信息传递不明确、业务流程不明确。例如，制度不规范、不合理或根本没有制度，导致部门间出现断层，相互间的工作缺乏协作精神和交流意识。彼此都在观望，结果工作没人管，小问题也被拖成大问题。协调不力是管理工作最大的弊病，它使整个组织无法产生凝聚力，工作效率低下。

4. 有章不循造成的无序

还有一些企业虽然制定了规章制度，但是员工并没有把制度当成自我规范的守则，缺乏自律。尤其是管理者，没有以身作则，不按制度进行管理考核，造成有章不循、有章无序的状况，损害了制度的威严，打击了遵守制度的员工的积极性和创造性，进而影响了整个团队的工作效率和质量。

从上述四点即可看出,对企业管理而言,规章制度的重要性不言而喻。身为管理者,需要维护制度的权威,并建立起"合规"的企业文化。那么,该如何营造一个良好的制度管理模式呢?以下四个方面可供参考,见图 6-11。

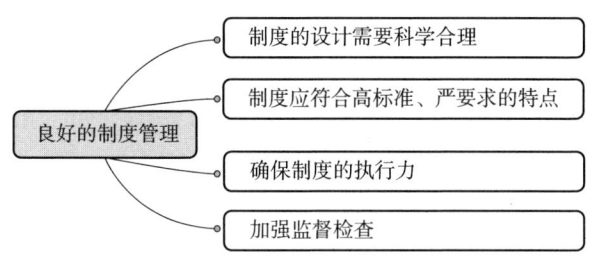

图 6-11 企业建立良好制度管理模式的四个方面

1. 制度的设计需要科学合理

一项好的制度不应大而空,而应细而实,具有可遵守和可操作性,做到规定明确化、表述具体化,让员工权责分明。管理者需及时总结实践中的好经验、好做法。成熟的经验和做法可以上升为制度,哪个环节薄弱就重点加强哪个环节,哪个方面容易出问题、出偏差,就重点改进和完善哪个方面。不仅要注重制定新的制度、完善已有的制度、废止不适用的制度,更要注重不同制度之间的协调与配合,让制度的整体功能和实际效能得以充分发挥,使制度能够管得住员工、跟得上发展、经得起检验。

2. 制度应符合高标准、严要求的特点

管理者常常会因为下属的工作业绩差而头痛,而工作业绩往往取决于上级对他们的要求。中国有句古话讲得非常好,"严师出高徒",在带团队的过程中,管理者如果对员工的要求非常松散,那么就不容易激发他们积极的一面,反而会滋生他们的惰性。这对一个团队来说,具有非

常大的杀伤力。只有细化和严格的标准，才能促使员工成长。

3. 确保制度的执行力

明制度于前，重威刑于后，好的制度离不开铁的执行。制度一经确立，管理者就应以铁的纪律强化执行力、约束力，不能满足于把制度写在纸上、挂在墙上、说在嘴上。假如不严格执行，久而久之，会让员工形成一种"无所谓"的心理，制度也就成了一纸空文。

明确违反制度的处置方式。所谓"国有国法，家有家规"，企业规章制度和法律一样，本质上是一种规则，员工违反了规则，就必须受到一定的惩处。管理实践中，一些制度之所以难以落实，很大程度上是那些违规行为没有及时受到惩处所致。

4. 加强监督检查

制度一旦被制定，管理者需要做的就是不断地去检查，不断地去监督。缺乏监督的威慑力，制度的制衡力就难以显现，员工的合规意识也会变得淡薄。因此，加强督查是制度落实的助推器。

6.6 一碗水端平,公平对待每个员工

我的一位朋友的女儿,大学毕业后就去了事务所做审计工作,刚开始,为了留在事务所,她工作很积极,可刚过一年,她就开始抱怨,甚至想离职。在她看来,审计工作不轻松,尤其在忙季。她虽然不喜欢加班,但为了完成工作,还是会加班到很晚。工作中做得不够完美的地方,她也在努力改进。可在晋升考级中,她却没有升级。"我比别人差在哪里了,凭什么我辛辛苦苦干了一年,还不如那些偷懒耍滑的?"这是她内心最大的疑问。

马云曾说,离职原因无非两点:钱不够,心不爽。"钱不够,心不爽"的背后,往往是员工遇到了不公平的待遇。职场上需要公平的社会交往和职场竞争。员工表现怎么样,就应得到相应的奖惩,一碗水端平,才算公平。而公平,是管理的基础,也是沟通的基础。双方所在的天平若不在一个水平线上,直接就失去了沟通的必要。

亚当斯的公平理论认为,人的工作动机受到报酬相对值的影响。每个人都会把个人的报酬与贡献的比率,同他人进行比较。如比率相等,则认为公平合理,感到满意,从而心情舒畅,努力工作,否则,就会感到不公平、不合理,进而影响工作情绪,降低工作绩效。

邓小平曾说,发展起来的问题,不比不发展时的问题少,但是,发展起来的一个重要问题,就是解决公平问题。无论是企业还是国家,大家都有"不患寡而患不均"的思想。因此,提升绩效的关键,不是看多

挣了多少钱，而是要着手实现内部的公平、公正。

管理者用人，只看是否有能力胜任，不能因亲疏、新旧关系而区别对待。不关注员工能不能胜任，而只关注员工是否有怨言，这并不是公平之道。被公平对待，意味着被重视。当我们被公平对待时，都会感到愉悦。因此，在做员工管理时，不论是不是真的公平，一定要让员工觉得自己受到了公平对待。公平，也是维持秩序、保持稳定的必要条件。职场上没有了公平，企业就无法管理，再多的沟通也无济于事。

评价一个公司的好坏，是看公司的盈利和发展前景，而评价一个管理者的好坏，则要看他完成了多少KPI、培养了多少得力干将、能不能搞定客户关系，还要看他的工作任务分配、奖金分配是不是公允。在这个过程中，管理者要清楚，每个员工的目标是什么，怎样帮助他完成目标，如何通过沟通让员工知道自己该往哪个方向去努力。方向要是错了，再怎么努力也无效。

在与员工沟通、确定目标时，管理者需要先问自己四个问题：

这次的任务分配，是不是公平的？

如果认为公平，那么是自己这么认为，还是员工的感受也如此？

如果员工认为不公平，不公平的程度会有多深？

如何才能缓解或改变这种不公平的现状？

接下来，在与员工沟通时，需要注意如下方面：在沟通的目的上，一定要明确自己是来帮助员工的，要让员工明白自己的好意。在沟通的内容上，要让员工理解工作任务和目标是什么。在沟通的氛围上，要让员工能够积极参与进来，而不是被动地接收信息。员工若是觉得任务分配有问题，管理者要鼓励他直截了当地提出来，而不是不敢开口，担心受到责罚。

管理实践中，管理者可以有一两次非主观意识导致的不公，但不能让不公成为一种常态。同时也要意识到，公平不等于平均分配，更不是简单的套公式、算贡献、分奖金。在决定让某位下属升职加薪时，往往需考虑多方面因素，除了员工业务能力、过往绩效表现等，管理者还需关注下属的发展潜力、未来能为团队和公司带来多大的贡献，也要考虑下属的管理能力、领导潜质、人际交往能力等多种素质特征。

当管理者只是以"一分耕耘、一分收获"的公平理论做分配时，就说明他的视野和思维还停留在一个普通员工的水平上。只有从团队整体出发，明白怎样的安排对团队整体发展最有利时，管理者才会明白真正的公平是什么。如此，才能做到，看似不公平，但能让员工内心感受到公平。

6.7 褒贬齐用，收效明显

格力电器公司，有非常严格的管理制度。职员在上班期间，不允许做私事。有一次，格力的一名员工从乡下老家带来了一些土特产，在下班前5分钟拿出来分享给同事们，同事们也很开心，都凑了上去，一起有说有笑地分享着土特产，这一幕刚好被董明珠看到，她当即严肃批评了所有参与其中的员工，并且对带特产的员工罚款100元。

很多人感到委屈，觉得马上就要下班了，大家吃一点零食，不会有什么影响。但在董明珠眼里，这是非常严重的问题，认为员工对公司制度没有足够的敬畏之心。当然，董明珠知道，受罚员工对于这样的严格处理，内心是非常难受的。于是，她在事后拎着水果和礼物去看了这位受罚员工，并且跟员工道歉说："当时如果我不处罚你，那么将来会有很多人效仿，制度也就不能严格执行下去了。请你能够理解。"同时，董明珠还提出，自己主动帮他交这个罚款。员工也十分诚恳地承认了错误，意识到自己警惕性不够，坚决不收董明珠的100元。

从董明珠的身上，我们可以看出两点经验：第一，如前所述，规则在管理员工时非常重要。如果不是有公司规定在先，员工就不会认为自己错了，后面的沟通也就失去了效力。第二，一贬一褒的管理手段看似陈旧、毫无新意，但在员工管理上却能起到实实在在的作用。

对管理者而言，柔性化管理是必修的一课。褒贬的合理运用，只是其中的一环。柔性化管理是一种非线性的管理思维。与其对应的被称为"刚性管理",它的管理出发点是,要么认为员工都是能够"好好说话"的,要么认为员工只能用规则"强制运转"。这两种极端的管理思维,以"X理论"(基于"经济人"的人性假设,将人性假设为厌恶工作、逃避责任的理论)和"Y理论"(将人性假设为喜爱工作、发自内心地愿意承担责任的理论)的人性假设论为前提。显然,结合两者的"XY理论",就是柔性化管理的理论基础。

柔性化管理的范畴非常广泛,在此,我们以典型的"褒贬管理"做一个简单的阐述。它不以规章制度为核心,而是在规章制度的前提下,以人为核心。它采用非强制的手段,在员工内心激起一种说服力,既让员工认同规章制度,又让员工感受到了温情的一面。具体来说,褒贬管理具有三个特性,见图6-12。

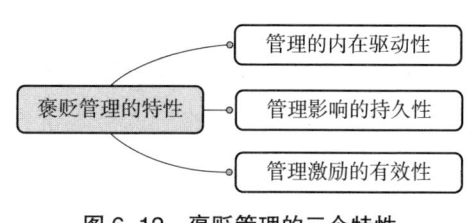

图6-12 褒贬管理的三个特性

1. 管理的内在驱动性

一褒一贬的运用,并不依赖于传统权力的影响力,而是依赖于员工的心理活动过程,依赖于员工内心激发出来的主动性。这种主动性能让员工意识到,管理者不论是褒还是贬,都以员工为出发点。贬是因为自己触犯了规则,褒则是给予心理安慰。当员工能够理解管理者的良苦用心时,自我约束力才会生效,这比"高压"下的管理更有效。

2. 管理影响的持久性

当员工从外在的推动转变为内心的自我驱动时，自驱力就会形成。这是一种自身有意识地去和公司的企业文化相结合、和企业战略目标相结合的内在动力，这种动力与企业更加协调一致，持久性更长，影响力也更大。

3. 管理激励的有效性

根据马斯洛需求层次理论，人的需求被分成五个层次：生理需求、安全需求、社交需求、尊重与自我实现。赫兹伯格的双因素理论也指出，生理需求和安全需求只属于保健因素，而尊重与自我实现则属于激励因素。可见，站在员工立场的员工管理，更能激发出员工被尊重的高层次需求。当员工认为自己被领导平等相待、被尊重了，自然能够更加认同领导、认同公司。

实践中，有些管理者虽然知道要褒贬兼顾，却依然无法将这一手段运用得当。究其原因，主要是对下述三个问题没有进行充分的思考所致，见图 6-13。

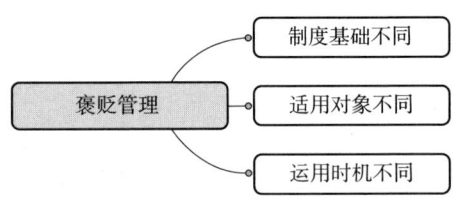

图 6-13 褒贬管理要注意的三个问题

1. 制度基础不同

褒贬手段的运用，依赖于一定的制度基础。管理者不论是褒还是贬，一定要在员工对问题有所认识，但又认识不够全面、不够牢固的基础上。

如果企业本身没有明确的规章制度、行事规范，管理者仅凭自身的理解就给员工"当头一棒"，这样不仅不会让员工深刻理解，反而会激发出员工的逆反心理。这和我们前面讲到的沟通的前提条件也有所联系，在没有制度基础的情况下，管理者和员工对事物的理解不一样，不论管理者采取何种方式，都不可能将话说到员工心里去。

2. 适用对象不同

层次不同的员工，在褒和贬的使用程度上也会有所不同。基础性工作岗位，标准化动作多，刚性强，贬的占比会大。管理性工作岗位脱离了标准化工作流程的束缚，开始更多地参与到组织建设性工作中，褒的占比则会比较大。后者内心的主动性需要被激发，才能将潜在的优势更好地发挥出来。

3. 运用时机不同

并不是任何时候，都适合运用这种管理手段。批评也需要分场合，把握好分寸。关于批评的艺术，我们在下一节中详细阐述。

管理手段，只是一种工具。工具是不是用得好，得看管理者的内在修为。好的管理是：处处体现管理，而处处又不见管理。这就是柔性管理希望达到的理想境界。

6.8 批评要分场合，把握分寸

在前面几节中，我们讲到了与95后沟通的一些注意事项，也提到了褒贬手段的运用。这些内容都会涉及一个方面，就是"场合"。不同的场合，需要说不同的话，尤其是对员工的批评。不论对谁，批评总归是件"丢面子"的事。因此，管理者在批评员工时，一定要注意场合，不然只会弄巧成拙。

我们部门有一位老员工，跟了领导十年，是领导的得力助手。可有一次，他们之间却大吵了一架，弄得很不愉快。

当时，部门在开全员月度大会，在两个经理分别介绍完招聘与薪酬工作之后，这位负责培训的老员工因有事才中途加入会议之中。她不知道的是，领导对招聘与薪酬的工作汇报非常不满，已经积压了一腔的怒火。

她的工作汇报毫无疑问点燃了领导这腔怒火。领导对她的工作总结一顿指责，甚至连标点符号和字体大小都拿出来批评。她就站在投影仪前，被领导批评了20分钟。在大家都保持沉默，希望时间快点过去的时候，她却突然发声，非常不耐烦地说了一句"这么点小毛病也要拿出来说，你是不是没有什么可说的了"。不等领导反应过来，她已经拿着电脑，冲出了会议室。

批评员工要看场合，这是再简单不过的道理。虽说批评是一种有效的管理方式，但与无效的沟通比起来，不看场合批评的危害性更大。因此，当以批评的方式与员工做沟通时，管理者需要注意以下四点，见图6-14。

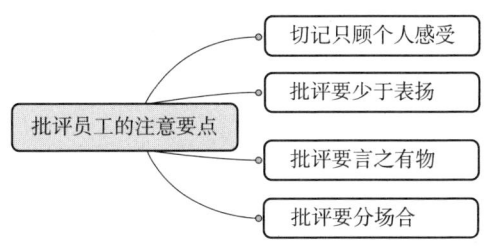

图 6-14 批评员工时需要注意的四个方面

1. 切记只顾个人感受

批评不同于表扬，当管理者表扬一名员工时，往往经过了深思熟虑，因为表扬既是对其当下工作的肯定，也是对未来的激励，用语需要拿捏得当。可批评却很容易突破理性的限制，当一个人在发泄不满的时候，往往是越说越来气，也就容易无限放大问题，甚至殃及池鱼。显然，这种毫无限制的批评很容易超出员工的忍耐范围，即便员工当场没有表现出来，但这一次的批评也会在员工内心埋下很深的怨念，直接影响员工以后的工作状态，甚至影响员工对领导、对企业的看法。

2. 批评要少于表扬

在上一节我们也讲到了，要懂得褒贬兼顾。做错了事，批评很正常，但要视情况而言，比如整件事里是不是有值得表扬的地方，也需要一并说出来。没有哪一位员工是冲着"做错事"去的，做事的初衷都是希望做好，获得领导的表扬。我在给企业讲授职业生涯课程时，会提出一个概念，叫作"可能的我"。

每一位员工内心都有一个叫作"可能的我"的潜意识形象，这个形象是员工想要成为的一种角色。管理者在批评或表扬员工的时候，都在无意识中塑造员工"可能的我"这一形象。他们可能会积极实现自我，也可能会害怕失败，消极应对。如果管理者能够对员工"可能的我"给予正面的希望与期待，员工就有可能具备克服困难的勇气，更有动力去实现目标。

3. 批评要言之有物

在批评时，可以严厉，但不要一味地批评。批评顶多起到"事后诸葛亮"的作用。批评是为了纠正错误，那就得有理有据。如我前面讲到的例子，领导脾气上来，对标点符号、字体大小都一顿批评，员工自然无法接受。从事情的结果来看，标点符号和字体大小并不影响什么，不应该成为指责与批评的重点。这也就回到了我们的沟通主题上，沟通是为了让双方对某一事物或某一观点达成一致意见，显然，细节问题并不影响意见的统一。如果领导能就事论事，指出工作汇报中的常识性或逻辑性错误，那么员工不可能听不进去。

4. 批评要分场合

批评需要分场合。即便是正确的批评，也要顾及当事人的感受。前面讲到的例子，最大的问题就在于没有顾及下属的感受。跟随了十年的老员工，像新员工一样被当众批评，内心肯定不好受。领导完全可以等会议结束，再单独与他们每一个经理沟通。上一节讲到的董明珠一例，当众批评就很有必要。因为参与那件事的每一位员工都需要批评。

最后需要再次提醒的是，批评也只是沟通的一种手段。管理者不能为了彰显领导权威而滥用批评。和其他沟通形式一样，用好批评并没有那么简单。

6.9 赋予员工使命感

有人问三个正在教堂工地施工的建筑工人同样的问题：你在干什么？第一个工人回答"我在砌砖头"；第二个工人回答"我在建世界上最大的教堂"；第三个工人则回答"我在建设一个净化人们心灵的场所"。十年后，第一个工人还是建筑工人，第二个工人成了建筑师，第三个工人则成了一家大型房地产公司的老板。

这个故事想必大家已经耳熟能详。第一个建筑工人只是为了谋生而机械地工作，因此一辈子就是建筑工人。第二个建筑工人知道按教堂的标准去盖楼房，有目标、有成就感和自豪感，最后成了一名建筑师。第三个建筑工人将建造教堂赋予了一种责任和使命，能够理解建立教堂的意义和自己工作的意义，最后当了老板。可见，三个人的使命感不同，看问题的深度就不同，取得的成绩也就不一样了。

所谓使命感，就是知道自己在做什么，明白这份工作的意义，以及无论组织交付的任务多么困难，都有将其完成的坚强信念。企业中的沟通，浅层次是"就事论事"，把眼前的事情沟通清楚、讲明白即可，深层次却是通过语言的感召力，让员工具备使命感。当企业把使命感根植于员工内心的时候，它就可能会成为百年企业，同时也会让员工在工作中体会到快乐和幸福。

赋予员工使命感，对组织来说至少有两个方面的重要意义：

1. 凝聚人心

"让天下没有难做的生意",这是阿里巴巴的企业使命。淘宝刚成立的时候,几乎没有人能想到一个如此宏大的使命真有接近实现的一天。我们不能断言阿里巴巴的成就就是企业使命的功劳,但"使命感"一定是所有阿里员工内心不可或缺的一部分。

2. 提升内驱力

人力资本的价值发挥需要激励来驱动,然而并非所有的激励措施都能取得良好的效果。若员工能充分受到"内在"的激励,企业就不必依赖外在激励促使员工努力工作,因为工作本身就能让员工得到回报。

提升员工内驱力将带来一系列好处,包括更好的绩效。光辉国际全球员工敬业度数据库显示,拥有强大内驱力的员工中,有76%超越了预期绩效,而那些受到外在激励的员工中,只有60%超出预期绩效。

在这些年的管理实践中,我们总结了一些经验,就如何赋予员工使命感提供五种思路,见图6-15。企业管理者需要将这些思路以沟通的方式植根进员工内心,激发出员工变成正向的"可能的我"的内驱力。

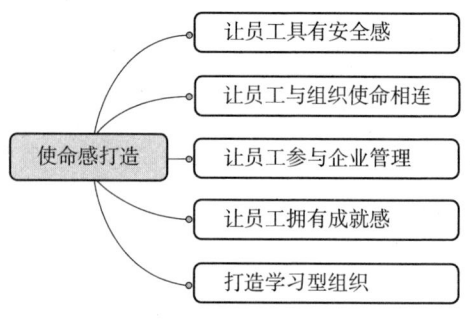

图6-15 打造员工使命感的五种思路

1. 让员工具有安全感

先有安全感才能有使命感。"仓廪实而知礼节,衣食足而知荣辱。"员工如果感觉朝不保夕,就很难为了企业或管理者充满激情地去工作。例如,日本有许多企业实行"终身雇佣制",员工有了安全感后,自然便产生了使命感,包括对公司的使命感、对社会的使命感等。

2. 让员工与组织使命相连

毕马威曾有一个"挑战一万个故事"(10000 Stories Challenge)的项目,让员工在一个平台上回答"你在毕马威做什么",使员工与组织使命联系在一起,激发热情。调查结果显示,当公司整体转型得以稳固之后,员工对工作的自豪感有所提升,敬业度达到有史以来最高,同时,人才招募水平也有了显著提升,人员流失率下降,成本得以降低。

3. 让员工参与企业管理

现在大部分企业都是采用"金字塔式"的管理模式,上层是高管,中层是普通管理者,底层是一线员工。命令自上而下传达,各部门间的交流较少,这是形成企业"部门墙"的一个重要原因。与之相反的是,假如员工能够参与企业的管理,那么其心态就改变了。员工一旦被信任和重视,使命感就会增强,会为企业发展提出好的建议,从而促使个人与组织绩效的提升。

4. 让员工拥有成就感

成就感是自我激励的源泉,若员工的付出得到了管理者的肯定,那么使命感也会随之增强。要让员工拥有成就感,管理者应根据员工的需求,给他们展现才能的机会,对其出色的表现给予及时的激励。比尔·盖茨说"每天醒来,当我想到今天又要给全球的人类生活带来新的变化时，内心就充满了激情和喜悦"，这就是成就感。企业管理者要善于激发员工的成就感，使其充满昂扬的斗志、饱满的激情、十足的信心，这样就可以充分地激发其使命感，让其创造出惊人的业绩。

5. 打造学习型组织

所谓"学习型组织"，并不仅指组织的每一个员工都在各自学习，更重要的是指以提高团队核心竞争力为目标的共同学习。它是一种员工之间有充分的交流，能产生可持续性绩效的学习，它是能使个人和企业取得快速回报的学习。

例如，西门子公司就十分强调"学习型组织"的建设，公司管理者在创造及分享知识方面下足了功夫，每一个加入西门子的员工首先要改变"我仅是其中的一个小环节、改变不了大局"的观念，每一个员工都要有一种强烈的使命感，会自觉地贡献出更多的信息和智慧与团队共享。

企业要想充分发挥人才的作用，就必须赋予员工使命感，鼓舞他们去接纳公司的理想，认同公司的方向，如此员工才可能在工作中更投入，把个人的成长与公司的发展连接在一起。无论是新员工管理还是员工公平管理方面的沟通等，都是为了最终能达成这一效果。

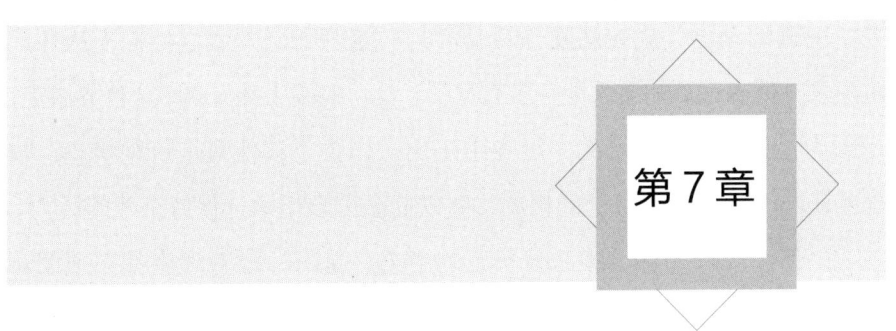

创造公平竞争氛围

7.1 适当制造竞争,激发员工潜力

在管理学中,有一个著名的案例叫作"草原狼的故事"。相传澳大利亚某牧场上狼群出没,经常猎食牧民的羊,牧民于是求助政府和军队将狼群赶尽杀绝。狼没有了,羊的数量大增,牧民们非常高兴,可是若干年以后,却发现羊的繁殖能力大大下降,羊的数量锐减且体弱多病,羊毛的质量也大不如从前。牧民这才明白,失去了天敌,羊的生存和繁殖基因也退化了。于是牧民又请求政府再引进野狼,狼回到草原,羊的数量又开始增加。

草原上的羊在失去了天敌之后,奔跑速度降低了、体质下降了,于是就给病菌提供了入侵的机会,羊群的数量和质量自然下降。所以,我们应辩证地看待需求和环境之间的关系。环境能满足人的需求,它使人获得满足感,同样,环境也能降低人的需求,它让人丢掉奋斗的动力。

职场也是一样,员工在工作中之所以会产生懈怠,往往是因为他没有可以对比的参照物,长时间生活在自己的认知状态中,久而久之便失去了前进的动力,更无法发挥自身潜力。这就如同井底之蛙,不从井里跳出来,就永远不知道天地有多么宽广。真正的高手都喜欢在全世界游走,是因为他们需要从自己的小世界中走出去,去了解他人是何种状态,找出差距与不足,放大自己的格局,并以此激励自己永远保持奋斗的活力。

如何在安逸的环境中激发员工的潜力,是每一位管理者都必须面对的课题。我们不妨运用逆向思维来思考:成就感是每个人都具有的需求动机,而成就感多来源于竞争,因为没有竞争、没有对比,成就和荣誉就无法显现出来。如果组织氛围一团和气、员工互相谦让,那就意味着员工失去了竞争的意识以及争当第一的野心,进而导致团队工作积极性降低,企业的整体效率下滑。因此,一位聪明的管理者应懂得适当制造竞争,重新激发员工潜力,而不是任由这种局面继续恶化。

竞争和激励一样,它的作用如同化学反应中的催化剂,运用得恰到好处,可对企业发展起到推波助澜的作用;反之则会起到阻碍和制约企业发展的作用。管理者可以从内部和外部两个维度创造竞争的环境,见图7-1。

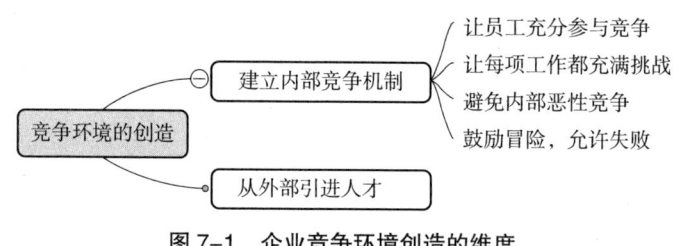

图7-1 企业竞争环境创造的维度

1. 建立内部竞争机制

建立一个长期有效的内部竞争机制,是"制造竞争"的根本之道。管理者应设定一个可随时更新的竞争系统,确保团队能及时起用有能力的新人,并对领导风格进行深入的变革,让组织环境保持一种高压态势。

管理者需要明白,每一个员工都是有潜力的,他们不缺能力、不缺志向,缺的只是一个适合其迸发潜能的制度环境。

在这种竞争机制的设计中,应注意四个方面:

(1)让员工充分参与竞争

管理者应运用制度,让每一名成员都变成"鲶鱼"。例如,鼓励员工张扬自己的个性,发表不同的观点,培养积极工作和学习的习惯,让员工产生对内部竞争志在必得的信心等。当人人争先时,企业就具备了狼性文化,拥有了群狼的本色。

(2)让每项工作都充满挑战

制定具有挑战性的计划和项目安排,是保持员工竞争动力的基础。假如管理者提供的工作不合理、没有前景或单调无聊,久而久之员工便会产生惰性,甚至会流失掉部分优秀人才。因此,管理者应适当增加工作的难度,促使员工产生持久的激情和动力,主动地参与竞争。

(3)避免内部恶性竞争

竞争与合作原本只为了一件事情,即完成工作目标。但在某些情况下,员工会将内部竞争错误地认定为对立关系。因此,管理者设计竞争机制时,应确保权责一致,努力避免这种"螃蟹效应"(相互扯后腿的现象)。

(4)鼓励冒险,允许失败

竞争就是冒险,而冒险就一定有失败。管理者鼓励员工内部竞争,必要时就得原谅那些敢于冒险的失败者,但绝不宽容那些不敢迈出一步而输掉竞争的员工。

2. 从外部引进人才

对一家企业或一个团队来说,如果人员长期固定,彼此过于熟悉,则容易产生惰性,削弱组织的活力。此时从外部引入新鲜血液,就能对原有人员产生强烈的冲击，唤起他们的竞争意识，从而克服安于现状、不思进取的惰性。

日本本田技研工业株式会社的创始人本田宗一郎，有一次在对公司进行考察后发现，公司的人员基本由三类人组成：20%是不可缺少的精英人才，60%是以公司为家的勤劳人才，20%是拖企业后腿的庸才。为了增加前两种人的数量，减少第三种人的数量，本田从其他公司挖来了一位年轻的销售部副经理来担任本田公司的销售部经理，此人的加入将销售部员工的工作热情和活力有效地调动了起来，公司销售业绩连连上升。不仅如此，他还将其他部门员工的工作热情激发了出来，整个企业都恢复了活力。

可见，当组织内部的竞争环境如一潭死水时，管理者从外部引进优秀人才，主动营造赛马场，也许能取得意想不到的效果。正如麦格雷戈所言，个人与个人之间的竞争才是激励的主要来源之一。只要管理者善于把握员工争强好胜的心理，从内部和外部两个维度适当制造竞争，就能成功激发员工的潜力。

7.2 用"鲶鱼效应"激发员工活力

2020年开年热播剧《安家》里的房似锦空降到门店的时候，门店员工的工作态度都非常懒散，毫无激情。而房似锦的口头禅是"在我手里没有卖不出去的房子"，她的这种激情，使她顺利地做到了销售第一，同时，她的这种激情也刺激了其他员工，他们开始改变，卖力工作。

在没有"鲶鱼"的门店里，那些员工就如沙丁鱼般懒散而没有活力。在鲶鱼到来之后，沙丁鱼如果不想死亡，就必须活跃起来，逃避追捕。"鲶鱼效应"就是一种激励手段，刺激人员活跃起来，投入到工作中，积极参与竞争，从而逐步激发公司所有人员的活力。

很多公司都有沙丁鱼式的员工，他们缺乏忧患意识，一味追求稳定。对管理者来说，这种员工的存在只会起反作用，不仅浪费成本，还产生不了效益。因此，适当地引入"鲶鱼"来增强员工的忧患意识，提高员工的积极性就显得非常重要。

正如上一节讲到的，本田公司的"鲶鱼效应"就做得非常出色。不仅如此，本田公司每年都会聘用一些精干的生力军作为"鲶鱼"，这样一来，公司的"沙丁鱼"都有了触电式的感觉，为了不被淘汰，只能更具活力。

一个企业，如果人员长期稳定，就会缺乏新鲜感和活力，员工就会产生惰性。企业要不断注入新鲜血液，经常将那些富有朝气、思维敏捷的年轻生力军引进员工队伍，使那些故步自封、因循守旧的懒散员工在无形中产生竞争压力，进而激发起他们自身的生存意识和求胜心。

科学的激励制度是一种激活沙丁鱼式员工的有效手段，它包含了一种竞争精神，为员工创造了一个良性的竞争环境机制。在运用"鲶鱼效应"时，管理者可以采取三种有效的策略，见图7-2。

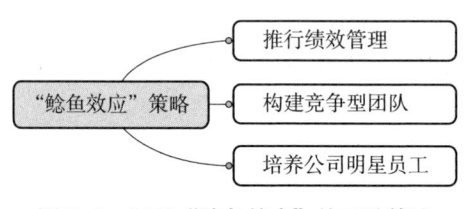

图7-2 运用"鲶鱼效应"的三种策略

1. 推行绩效管理

用压力机制创造"鲶鱼效应"，让员工紧张起来。公司压力机制的有效性，关键在于员工的薪酬、发展和淘汰机制与绩效管理系统挂钩的紧密程度。科学有效的绩效管理，能够为员工的培训与发展、职业生涯规划，乃至薪酬调整、晋升和淘汰提供准确、客观、公正的依据，真正起到"奖龙头、斩蛇尾"的作用，从而创造出有效的竞争氛围。

2. 构建竞争型团队

公司要想持续保持创新能力，建立上下一心的竞争型团队是关键所在。为了鼓励公司部门之间的团队竞争，公司应确定优秀部门、优秀员工、优秀管理人员等一系列评选标准，并认真实施。通过设置有序的竞争机制，激发团队的动力，使公司的每一位员工始终处于精神饱满的工作状态。

3. 培养公司明星员工

在用人方面，公司通过绩效考核系统，在组织中培养潜在的明星员工。明星员工就是"鲶鱼型"人才，可以激活团队的活力。

在评价鲶鱼型人才时，有以下五条标准：

1）具有强烈的工作热情和工作欲望；

2）具有雄心壮志，不满足于现状；

3）能带动别人完成任务；

4）敢于做出决定，并勇于承担责任；

5）善于解决问题，比别人进步更快。

作为一名高明的企业管理者，在管理中应最大可能发挥好"鲶鱼效应"，努力使整个团队明确发展目标，给每一位员工自主发挥的空间，让每位员工都明白，自己可以成为领导眼中的"鲶鱼"，而不是被"鲶鱼"激活的"沙丁鱼"。

7.3 让每个员工拥有竞争对手

在我开展企业培训的时候，经常会讲到一个管理案例。

董事长林格的手下有一位厂长，这位厂长很能干，可奇怪的是工人总是不能完成生产指标。林格问这位厂长问题出在哪里，可是厂长也不知道症结所在。他回答说："工人们就是不愿意干活儿，不管我怎么好言好语相劝，或者制定任务强迫他们都不管用，他们根本不理我。"

谈话的时候，刚巧工厂里换班的时刻到了，夜班工人来到厂里。董事长林格忽然说"给我一支粉笔"，然后转向站得最近的一个日班工人，问道："你们这班今天做了几个单位的工作？"问完，林格在墙上写了一个大大的"5"字后，一言不发地走开了。当夜班工人进来时，他们看见这个"5"字，就问这代表什么意思。

日班的工人解释说："董事长先生今天来这里了，他问我们做了几个单位，我们告诉他5个，他就在墙上写上了这个'5'字。"凌晨，林格又从这厂中走过，果然不出他所料，夜班工人已将"5"字除去，换上了一个大大的"7"字。早晨日班的工人来上工的时候，看见一个大大的"7"字写在墙上，每个人都不服气："别以为夜班的工人比日班的好！一定要给夜班工人一点颜色看看。"他们拼命地工作，下班前他们把一个大大的"10"字神气活现地写在了墙上。就是这个简单的"5"字，居然让工厂的情形逐渐好了起来，不久，这个一度落后的工厂就超过了公司其他的工厂。

这个案例表达的意思非常简单明了，每个员工都希望在职场上出人头地，都希望站在比别人更优越的地位上，从心理学角度来看，这种潜在心理就是自我优越的欲望。当有了这种欲望后，员工才会积极成长，努力向前。并且，当这种自我优越的欲望出现了特定的竞争对象时，其超越意识还会更加鲜明。

不服输的竞争心理人人都有，强弱则因人而异。明白了这一点，想要激发员工的工作热情，提高个人绩效与组织效率，管理者只需利用员工的这种心理，并为其设立一个竞争的对象，创造良好的竞争氛围即可。在具体实施时，以下四种做法值得参考，见图7-3。

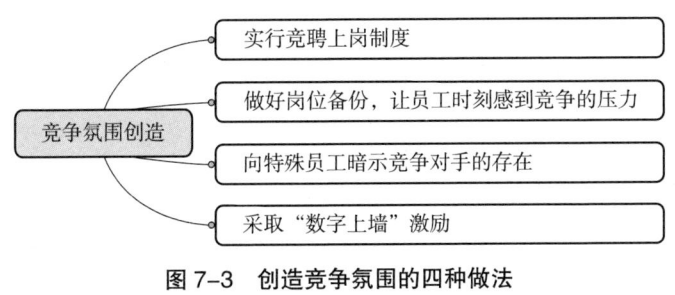

图7-3 创造竞争氛围的四种做法

1. 实行竞聘上岗制度

海尔有句名言，那便是"赛马不相马"。公司内部采用竞聘上岗制度，空缺的职务统一张贴在公告栏，并明确任职资格与要求，任何员工都可以参加竞聘。竞聘上岗的频次为每年一次，顺序是自上而下进行。管理人员的竞聘分数由"日常分数+答辩分数+考试分数+民主评议"确定，一般人员的竞聘分数由"日常分数+答辩分数"确定。在竞聘的过程中，员工可以通过与岗位标准相比、与竞争者相比，发现自身不足，及时进行弥补，提升综合竞争力，同时组织也可以借此选拔出优秀的人才。

2. 做好岗位备份，让员工时刻感到竞争的压力

在职业篮球运动中，一个位置上经常会配置多名运动员，比如姚明当年在 NBA 火箭队担任主力中锋时，穆托姆博便是他的替补中锋。这样做的原因，一方面是考虑到比赛过程中体力分配的需要，防止球员伤病隐患，另一方面则是内部竞争的需要，用替补队员去激励主力队员，有上有下，保持球队活力。

职场也是如此，员工需要拥有公平竞争的机会，每个岗位均可配置一个或多个备份，即一个岗位并非只有一名员工能做。管理者应让员工时刻感受到竞争的压力，要想比竞争对手做得好，就要付出更多努力。

3. 向特殊员工暗示竞争对手的存在

假如某位员工身份特殊，工作不积极，管理者又不好直接为其设立竞争对手，不妨给予一些言语暗示，让其知晓竞争对手的存在，从而激发该员工努力工作。例如，经常有企业领导会对下属说"你和某某两个人，这次晋升都有希望，但最终是谁还需要公司管理委员会决策"。这句话等于暗示了员工竞争对手的存在，如果在后续工作中不继续努力表现，晋升机会就会与其失之交臂。

4. 采取"数字上墙"激励

激励专家认为，企业管理最好的激励机制，不是试图让懒人变得更有活力，而是在企业中形成高绩效的环境——来自同级的竞争压力比来自上级的命令，更能促进员工的积极性和工作热情。所谓"数字上墙"，即把员工的行为结果，用数字对比的形式反映出来，以激励上进，鞭策后进。用数据显示成绩和贡献，能更有可比性和说服力地激励员工的进取心，使其明确差距，迎头赶上。数据能够激发员工争强好胜的竞争心

理,是一种很好的零成本激励方式。

在实施"数字上墙"时,可采用下列方法:

第一,将员工的各种考核指标进行量化,并尽量用文件或制度的形式确定下来。

第二,在评比先进员工时,应尽可能用数字来衡量其工作成果及成长状况,不可只凭感觉或主观印象。

第三,辟出专门的空间或场地,用以张贴数据榜。如销售部门可以张贴每位员工当月甚至当天的业绩完成情况。

总之,竞争意识本质上是员工渴望认同、渴望卓越的心理体现。企业管理者应充分利用员工的这种竞争意识,有目的地为他们设立竞争对手,不断激发他们的潜能,为企业做出更大的贡献。

7.4 公平对待员工竞争，做到奖罚分明

对于员工竞争，企业管理者要做到奖罚分明。就员工个体而言，公平感是较为主观的心理反应。在实际工作中，人们常常高估自己的贡献而低估别人的贡献，从而造成观察问题的系统偏差。此时，适当的"奖"与"罚"，就是在提醒员工准确分辨感觉的真实性。

在企业管理中，真正的公平取决于以下五个方面：

1）明确岗位职责，从定性和定量两个方面详细说明岗位职责要求，需从细节入手，细化到完成的时间段、质量的标准等。

2）岗位的工作量相对平衡，给员工力所能及的工作量和范围。

3）定量薪资标准和超额完成的奖励薪资，以及合理可行的薪资奖惩机制。

4）设立奖惩监督机构，监督执行部门的公平性。

5）营造企业文化，强调公平是基于岗位职责的公平，是相对的公平。

管理者要给下属创造一个公平的环境，让他们有安全感，感到跟着这样的领导不吃亏，如此才能保持竞争的活力和团队的平稳。企业管理者做不到绝对的公平，但要能做到相对的公平。那如何做到相对的公平呢？管理者需要做到如下几点，见图7-4。

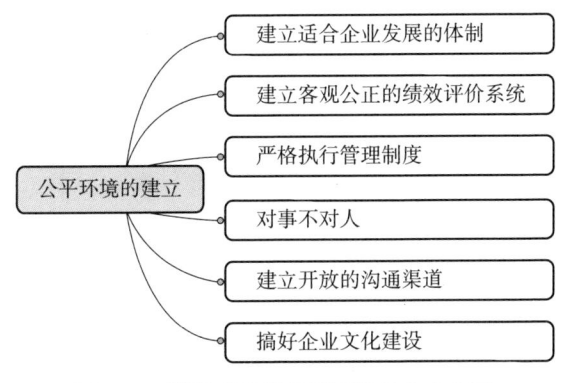

图 7-4 管理者建设公平环境的六个方面

1. 建立适合企业发展的体制

公平是在一定的价值观基础上建立起来的，体制是实现公平的保证。企业应根据自身特点建立适合自己发展的体制，制定适合的行为规范和准则，树立尊重个人、充分发挥个人潜能、实现个人价值与企业共同发展的经营理念，创造一个公平竞争的环境。

2. 建立客观公正的绩效评价系统

期望理论认为，如果个人感到在努力与绩效、绩效与奖赏、奖赏与个人目标的满足之间存在密切联系，那么他就会付出高度的努力。因此，必须对个体建立客观、公正的绩效评价系统，让员工意识到，他们的努力能够获得良好的绩效评价成绩，并且他们是因绩效而不是其他因素（如资历、学历、人情等）而获得奖赏。

3. 严格执行管理制度

美国学者威尔逊提出"破窗理论"，即当建筑物的一个窗户被破坏后，若不及时修理，则会形成一种暗示，示意人们可以破坏更多的窗户，久而久之，就会造成公众麻木不仁的氛围，使不正常的东西变得正常。因此，在企业管理中必须修好"第一扇破窗"，维护制度的严肃性，使更多的人自觉遵守制度。

4. 对事不对人

人是因为做事而受到奖励或处罚。无论是谁，只要在其位，就应该为其事而承担相应的责任和享受应得的权利，做到责权对等。应该对事情的本身做出评价或处理，不姑息、不迁就，不搞下不为例，更不能因人而异。

5. 建立开放的沟通渠道

开放的沟通渠道是指为改进上下级关系、增强员工参与意识而采取双向沟通策略。双向沟通使管理者可以随时了解员工中存在的问题，改善与员工的关系。同时，员工也可以全面了解公司的情况，便于直接与上级沟通，管理层可以及时有效地处理员工事务，创造良好的工作环境。

6. 搞好企业文化建设

形成共同的价值观是企业文化建设的重要方面，共同的价值观是创造公平的基础。企业管理者要诚信，不要"拉抽屉"（做事反复），要把企业的经营理念和战略规划灌输给每位员工并使之认同，要善于依靠团队精神实现共同的目标。

在有了公平环境与制度的基础上，管理者才能做到奖罚分明。奖罚分明是指，利用奖励或惩罚的方法，对人的一些行为予以肯定，而对另一些行为予以否定，激发人的内在动力。"奖"即激励，激发员工的工作动机，调动员工的积极性和创造性，实现绩效目标。虽然受重视、被关怀是每个员工内在的动机和需求，但也不能一味地激励，适当的"罚"也是需要的。无规矩不成方圆，无考核不成管理，无奖罚也不成考核，必要的奖罚体现了企业严格的管理与公平体制。

Google最基本的激励制度是：付出的时间＝更多的收益＝升职。

Google 的两组员工曾收到了公司价值 1200 万美元的股票，Google 还以"创始人奖"的名义向另外几组员工赠送公司股票。该奖项的原则是，受嘉奖员工队伍的某一行为为公司创造了巨大的价值。

很多中国企业家与学者都极为推崇 Google 的管理模式，它的管理真正做到了公平以及奖罚分明。以下四点值得每一位管理者学习：

（1）激励员工从结果均等转移到机会均等，并努力创造公平竞争环境

（2）激励要把握最佳时机

1）需在目标任务下达前激励的，要提前激励；

2）员工遇到困难，有强烈愿望时，给予关怀，及时激励。

（3）激励要有足够力度

1）对有突出贡献的予以重奖；

2）对造成巨大损失的予以重罚；

3）通过各种有效的激励技巧，达到以小博大的激励效果。

（4）激励要公平准确、奖罚分明

1）健全、完善绩效考核制度，做到考核尺度相宜、公平合理；

2）克服有亲有疏的人情；

3）在提薪、晋级、评奖、评优等涉及员工切身利益的热点问题上务求做到公平。

7.5 提供竞争平台，让员工的机会平等

什么是公平呢？例如，一个员工做好了一件事，管理者认为他很优秀，继而给予更多的机会，这是不是一种公平？

问题的答案先放一放，让我们来做一个简单的实验。

实验一：

请以最短的时间列举出 5 件让你感到快乐的事。然后回答，你觉得你快乐吗？

（1 分钟回答时间）

实验二：

请以最短的时间列举出 50 件让你感到快乐的事。然后回答，你觉得你快乐吗？

（10 分钟回答时间）

在这两个实验中，哪个让你感觉到更快乐？经济学中已经有过类似的实验。给出的答案是：第一个实验里，你会感到更快乐。因为，列举 5 件事很简单，你不费吹灰之力就可以说出来，这个过程会让你感到愉悦。但是要一口气列举出 50 件，难度就非常大。你的注意力已经转移到了"搜寻快乐的事"这件事上。这种体验让你感觉非常不好，你会觉得沮丧，甚至觉得自己不快乐。

经济学上，这种现象叫作"可得性偏见"。可得性偏见的意思是，人们主观的感受会不自觉地影响当事人对事物的判断。这种判断，就是一种偏见，自我感觉良好的偏见。可得性偏见会带来可得性效应，也就是我们常说的，依据主观感受所做出的某种动作。

可得性效应在管理上有着很大的启发性。这种效应类似于管理学上常说的"首因效应"或者"晕轮效应"，但是它更加让人无法察觉，这是因为人往往都是以过去来判断未来。我们知道在一个评价周期中，要尽量避免"首因效应"或"晕轮效应"的影响，但在此之前管理者其实已经走进了可得性效应的误区。

现在我们可以回答最开始提出的问题了：管理者认为员工优秀，给予更多的机会，不一定代表着公平。这是因为优秀的定义本就是主观的，只有放在更长的时间里去看，才能对员工个体的真实水平进行高低层次的排序，仅仅一两次的优秀不足以说明一切。也就是说，一次优秀不代表一直优秀或真正优秀。

去年的绩效高，不代表能力就一定强。高绩效是由很多因素构成的，如智力、技能等，但同时也一定存在着运气一类的外部力量，它们的比重不一定小，甚至比较大。下面是两个关于成功的公式：

绩效＝自身因素（智力、技能等）＋运气

高绩效＝巨大的自身因素（智力、技能等）＋巨大的运气

所有人都有忽视运气的倾向：我们大多能清楚记得自己如何克服困难，却往往忽略让我们实现目标时所被给予的优越条件。管理者自然也不例外，因为一次偶然的原因让某个员工得以表现了一次，就判定员工是"被埋没的人才"，是不可取的。

成功需要实力与运气，更大的成功需要更强的实力与更多的运气，

但实力和运气的占比究竟为多少是不容易确定的，只有通过不断的实践，判断出一直都是实力占据主导地位，才能判定为真正优秀。

所见即所得的思维模式，让管理者喜欢上了某个员工，于是在下一个可以获得高绩效的机会面前，管理者给了他更多取得高绩效所需要的条件，如必备的平台、人脉、资金储备等。这些对当事者而言就是一种运气。我们平常所说的，"你的平台决定了你的高度""在风口面前，猪也能飞起来"，无不在告诉我们一个道理——除了本身特质，想要成功，运气也必不可少。很有可能在同样的资源倾斜下，另一个员工能做得更好，只是管理者并没有给他这个机会。

这种例子不胜枚举。当某个受重用的同事并不特别突出，但却能获得更高的绩效时，或许就是管理者的可得性偏见在作怪。

作为管理者，想要提供公平的竞争环境，唯一能做的就是给每个员工更多的机会。只有经过不断的尝试，让员工在不同的情况下表现自己，才能综合判断出哪一个员工更好，而哪一个员工只是获得了一次幸运女神的青睐。

管理者需要意识到，可得性偏见是无法完全消除的。从数理的常态分布来看，一定存在个别事件结果很好或很差，但以更长的时间维度视之，最终都会回归到平均值状态。所以，不要把某些特例看得过重，把期望值降低一点，让每个员工都有表现的机会，才是公平环境创造的出发点。这点从最初几章的选人用人标准里，也可以窥知一二。正因为员工各有长短，只有给予每个人表现的机会，才能让整体战斗力得以提升。

7.6 合理安排超过能力范围的工作，也是一种公平

当管理者从多个角度为员工创造公平竞争环境时，还有一种较为特殊的环境创造，那就是给员工合理安排超过他能力范围的工作。为什么说是一种公平？准确来说，它直接体现出来的并非公平，而是重视。管理者安排的工作，让员工感觉有点吃力，但下一番功夫也能够完成，留给员工最直接的感受就是，领导重视我、信任我，因此给更重的任务锻炼我，期待着我的蜕变。一旦员工内心产生此种想法，他就会认为领导对他是公平的，甚至是一种偏袒。因为领导若是不拿该员工当回事，又怎么会做出这一安排？

我至今依然清晰地记得，初入职场时领导对我委以重任的感觉。那是我从国外回来后的第一份工作，进入公司不过一个月，领导就吩咐我做科室规划。公司设立了新的科室，隶属于人力资源部。可是我从未做过类似的规划，甚至还没弄清楚公司的业务，自然无法轻松地做出来。面对这一难题，虽然有些压力，但领导如此信任我，让我感到很是意外，有一种被领导重视的感觉。为了不辜负期望，我加班加点熟悉公司业务，结合人力资源部工作职能，多次与老员工沟通，只用了半个月，就把整个规划拿了出来。

虽然初版的规划并没有得到领导完全的认可，但也是可圈可点，依然受到了领导的表扬。更让我想不到的是，领导希望我能担起这个科室经理的重担。在我转正不久，就从一名新人变成科室经理。就是这一次的经历让我深切体会到，公平感并不一定来自领导如何对待他的每一个

员工,还在于如何让每一个员工承担更重的责任。

对员工来说,公平感不仅来自自己和其他员工的对比,也来自自己现在和过去的对比。与其他同事对比,只是外在的对比,而与自己对比,则是内在的对比。过去领导不重视自己,现在重视了,说明领导现在对自己更加公平了。若员工觉得过去领导很重视自己,现在反而疏忽了,也同样会产生不公平感。而要让这种内在公平感得以体现,给予员工能力之上的工作任务显然是一个特别好的主意。

但是,过高的期待是一柄"双刃剑",它能让员工感觉被信任与被公平对待,也会让员工产生抵触情绪。例如,领导是不是不喜欢我了,想借此赶我走?另外,不当的过高期待会伤了员工的心,让员工多次受挫,萌生退意。领导甚至也会反过来问自己,这样的员工是不是本身就不值得自己期待。因此,懂得合理安排超过员工能力范围的工作,也是管理者的一门必修课,见图7-5。

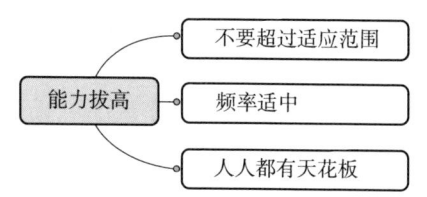

图7-5 合理安排超过能力范围工作的要点

1. 不要超过适应范围

管理者提供给员工超出能力范围的工作,目的肯定不是让员工感觉公平,这只是附带的,主要还在于测试员工的潜力,不断提高员工的能力。既然如此,就不能揠苗助长。正确的做法是设定一个目标,在允许的范围内让员工努努力,蹦一蹦能够达成。

"一口吃不出个胖子",只有循序渐进,才能不断突破,直至达到一个较高的水准。这不仅是一种科学的方法,也是增长员工自信心的一个过程。若刚开始的任务让员工打了退堂鼓，也就彻底失去了意义。

2. 频率适中

能力的成长并不是一路上升或下降，在上升或下降的过程中还存在很多的停留期。这段时期的存在，对处于上升期的员工来说，是在"消化"及"压缩"。员工办成了一件超过能力的事情，只能说他的潜力被激发了出来，但这种状态并不稳定，也有可能只是那次的运气比较好，因此想要再次发生，就存在困难。

一个人的能力成长会存在最低值、阶段性峰值以及顶峰值。管理者所要做的，就是在实现一个一个阶段性峰值后，让员工的能力达到顶峰，见图7-6。

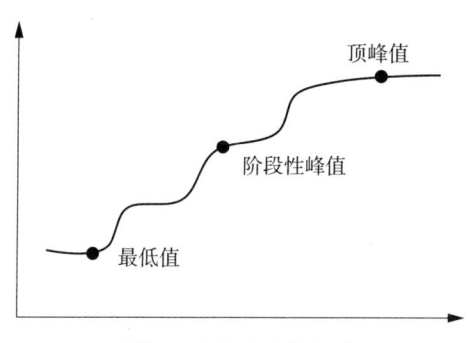

图7-6 能力成长曲线

在能力成长的停留期，员工会不断尝试、重现之前的场景，理清事物的内在联系，想通透、想彻底。同时，管理者可以提供一些辅助性的帮助，如类似的任务、用于能力提升的专项培训。只有员工不再认为同样的事情会遇到障碍时，才能说能力水平得以稳固。此时，管理者可以考虑再提高一个档次，让员工产生新的兴奋点。

3. 人人都有天花板

不论是开发员工潜力，还是单纯制造公平感，管理者都不能逾越一条红线，那就是员工自身的能力天花板。

　　只有在同一个水平上多次验证，才能对员工的能力成长性做出较为准确的判断。如果一味地不断增加工作难度，员工不仅吃不消，管理者也没办法获得足够的观察期。当员工能力触及天花板时，差不多也就到了管理者考虑调整现有员工、吸纳新员工的时候。

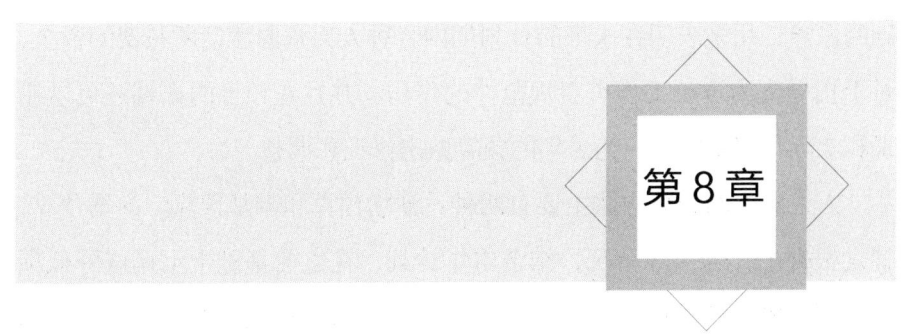

第8章

做好绩效管理

8.1 做好成本预算，有效降低人工成本

企业涉及人的成本，从不同角度可以分为人力成本与人工成本。人力成本，又叫作人力资源成本，包括取得成本、开发成本、使用成本、保障成本和离职成本，主要是指人员进入到离开的过程中，涉及的直接成本支出。人工成本又称为人事费用，包括职工工资总额、社会保险费用、职工福利费用、职工教育经费、劳动保护费用、职工住房费用和其他人工成本支出。

人工成本是企业主要的一项费用支出。无论市场环境如何，尽量降低人工成本都是企业经营管理的一项重要工作。但是简单采取降低员工工资的方法很容易导致员工的动荡，这对企业经营显然不利，因此做好人工成本预算，有效降低人工成本，就成了一件基础并且非常重要的工作。

人工成本预算的来源依据是年度经营计划。它是企业为保证完成年度经营计划所需要的人力资源投入的资金预算。它是人力资源规划最基础的保障，用来表明在未来的计划期内各种人力资源活动所花费的资金，对于指导人力资源工作有着规范性的作用。并且在预算的末期还可以用来和实际花费做比较，为来年的预算做出修正和调整。

人工成本的预算方法主要有两种：渐增预算和零基预算。渐增预算，就是根据上年的实际情况，结合本年计划，在之前基础上上调或降低项目预算而制定的新的预算。零基预算，就是从零开始，根据计划开展项目情况对每个项目做出预算，然后经过论证后确定下来。企业一般都采用渐增预算以便与往年数据进行对比。

做预算的关键在于弄明白哪些项目是需要花钱的。对于人力资源来说，花钱的方面不外乎薪资、福利、活动。

管理者根据上年实际情况，结合公司本年经营计划和目标、业务变动等情况，测算本年年度薪酬；根据社保公积金最低缴费基数和公司缴费原则，测算企业应该承担的数额；根据公司福利体系，测算商业保险、员工活动、员工关怀等项目成本；根据公司人力资源运营方式，测算管理系统等基础设施项目成本。管理者把上述每一项都考虑进去后，再从整体来协调每一个方面的费用，预算也就初具雏形了，见表8-1。

表8-1 常见的人工成本支出明细

类别	明细
职工工资总额	以货币或实物支付给职工的劳动报酬总额。包括各种计算法则下的工资、奖金、津贴、补贴
社会保险费	国家强制规定缴纳的各项社会保险费用，以及企业的补充养老保险、医疗保险、商业保险等。不过这里只含单位缴纳部分，员工个人部分从工资里扣除
职工福利费	除工资，但凡需要单位出钱为员工服务的福利项目，都算福利费
职工教育费	就业前的培训、在职培训、转岗培训等培训费，以及职业技能鉴定费，只要是能帮助员工提升能力的，都算教育费

续表

类别	明细
劳动保护费	工作服、保健用品、急救箱等，用来保护员工工作安全的必要费用支出
职工住房费	国家规定的住房公积金，企业为员工建造、购置、租赁的房屋，发放的住房补贴，房屋的维修翻新等
其他人工成本	工会费用、招聘费、年终活动、各种优秀员工奖、竞业限制金、劳动合同补偿或代通知金等

按照常规算法，当企业管理者把表8-1中的每一项都考虑清楚了，预算的数额基本就可以确定。但从财务的角度来看这种划分并不利于费用的分析，因为他们认为更细致的费用测算是以不同成本类型来确定的，这就要用到人力成本的概念。从图8-1中可以看到，人力成本包括五个大类，每一类又可以细分出几个小类。

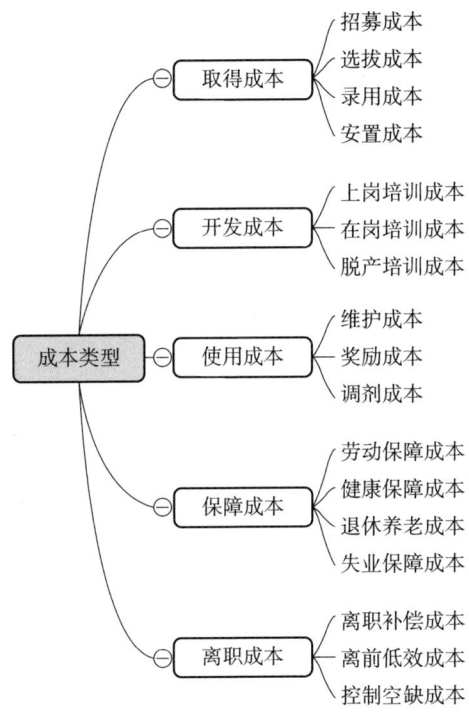

图8-1 成本类型及明细

如果企业想要做得更加规范，推荐使用图 8-1 的人力成本分类，这样可以有效避免因统计分类不清晰所造成的遗漏或重复。我们以"取得成本"为例，在它的四个细分成本里，又可以根据公司实际情况做出更细致的划分（图 8-2）。

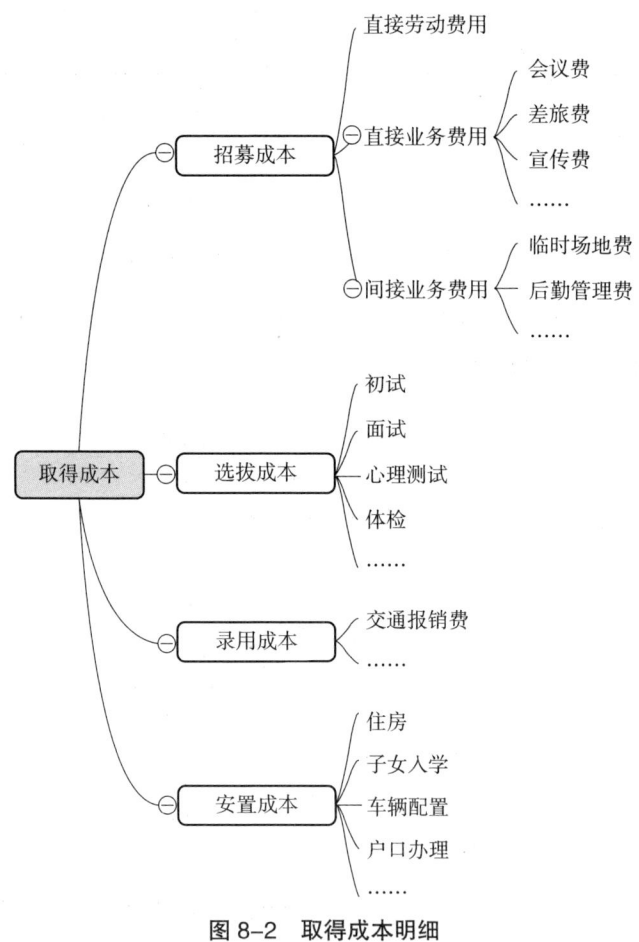

图 8-2　取得成本明细

所有类型成本支出罗列清楚后，再根据财务费用支出类目或者企业常用的统计汇报格式将费用做分类与整理，初版的人工成本预算就做好了。接下来管理者要做的就是人工成本预算的审核。审核的目的有两点：其一，明确费用的来源是不是准确可靠，数据是不是真实有效；其二，根据生产计划，对某些超标费用做出合理的缩减。

如何做缩减呢？基本步骤是拆分再合并。按照时间维度进行拆分，即把某项费用根据预测使用情况拆分到月度，判断费用的使用是否可行，即为拆分。在此基础上，做出必要的删减。调整之后，再来汇总，就可以形成新的费用预算。在做费用预算时，不需要太担心"够不够"的问题，因为预算的目的，就是在合理的测算下达到控制、不超支。确实因为生产经营的变化导致费用不足，再额外增加即可。

做出来的人工成本是好是坏，如何评价，并不是简单统计一个人工成本绝对值高低这么简单，只有通过不同层次结构的剖析，才能知道人工成本统计的意义所在。这就包括三个大的指标体系：总量指标、结构性指标和效益指标（图8-3）。

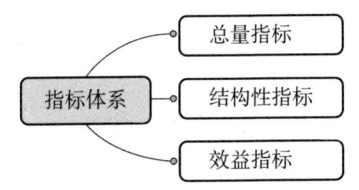

图8-3 人工成本统计的三大指标体系

1.总量指标

总量指标直接反映企业人工成本总量水平的高低。因为每个企业的具体情况不一，所以人均人工成本是反映企业人工成本高低的常用指标。它指出了聘用一个员工大概需要多少的人工成本支出。而这个支出水平，直接反映了企业在劳动力市场上对劳动力的吸引力度。人均人工成本包括企业给付的工资和其他福利水平，也是企业对劳动力释放出的一个吸引信号。通过这个数的对比，企业可以知道自身在市场上的竞争力度如何。合理地确定人均人工成本可以对企业的用人策略进行指导。

2. 结构性指标

结构性指标可以反映在人工成本总量构成中各项人工成本所占比重为多少。合理的构成比例可以形成一个良好的薪资福利体系；不合理的比例就是钱没有花到刀刃上，即便成本很高，一样吃力不讨好。因此对这个数据比例的合理调整，也是企业管理者在不变甚至降低总体人工成本的前提下，优化薪酬的一个突破点。

3. 效益指标

效益指标是人工成本统计分析的核心指标。企业哪怕投入一分一厘的人工成本，也是希望这一分一厘可以给它带来更多的效益，不然这笔钱就是被浪费掉了。这个指标包括以下几个大类：劳动分配率、人事费用率、人工成本利润率和人工成本占总成本的比重（表8-2）。

表8-2 常用的效益指标

常用指标	计算公式	含义说明
劳动分配率	（总人工成本 ÷ 企业增加值）×100%	反映人工成本投入产出水平
人事费用率	（总人工成本 ÷ 总营收）×100%	反映总营收中用于支付人工成本的比例
人工成本利润率	（总利润额 ÷ 总人工成本）×100%	反映企业人工成本投入的获利水平
人工成本占总成本比重	（总人工成本 ÷ 总成本）×100%	反映企业活动对人员需求量的程度高低

人工成本预算和企业的薪酬绩效战略一脉相承。对企业来说，合理的人工成本预算配上好的薪酬绩效战略才是最合适的。作为企业薪酬绩效战略的一环，人工成本预算不仅需要给企业带来价值，还要为其他系统提供积极的引导作用。这才是人工成本预算与统计的价值所在。

8.2 做好岗位评价，确保绩效考核公平性

岗位评价，是薪酬体系设计中的一环，也是绩效管理的基础。企业如果没有做好岗位的定义与评价工作，就没办法合理、公平地对员工的工作成果开展绩效管理。岗位评价是底层建筑，一切的评价都在这个基础上搭建起来。图8-4展示了岗位评价在整个薪酬体系设计中的位置，它是确保内部公平的必备环节。

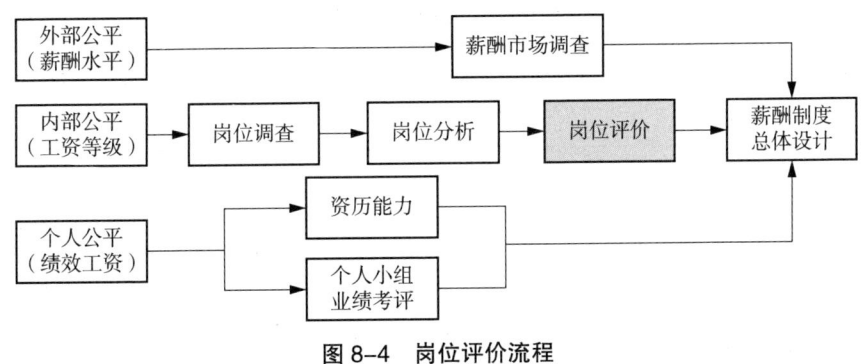

图8-4 岗位评价流程

岗位评价建立在岗位说明书和岗位分析之上。评价就要分出高低，因此最核心的一环，就是确定岗位的相对价值。企业常用的三种评价方法为排序法、分类法与因素比较法（图8-5）。还有一种比较难掌握的方法是海氏评估法，但此法除了体系特别完善、人力资源管理很专精的企业外，基本没有企业采用。下面对常用的三种方法做详细的介绍。

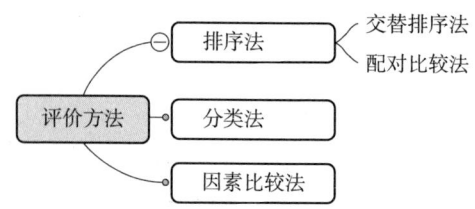

图 8-5　常用的三种岗位评价方法

1. 排序法

排序法是最简单的一种岗位评价方法。排序分成两种类型：交替排序和配对比较。

交替排序法要求对一组岗位，先选出最高价值岗位，再选出最低价值岗位，接着选出第二高价值岗位，再选出第二低价值岗位，以此类推，直至排序完成（表8-3）。

表 8-3　交替排序法举例

岗位	1号	2号	3号	4号	5号	总分	平均	排序
A	1	1	1	2	1	6	1.2	1
B	2	4	2	3	5	16	3.2	3
C	3	3	4	5	3	18	3.6	4
D	4	2	3	1	2	12	2.4	2
E	5	5	5	4	4	23	4.6	5

如表8-3所示，存在A~E岗位，有1~5号人员对岗位进行评价。

第一步：选定评价者，一般选择5~10人即可。太少不准确，太多麻烦。

第二步：确定要评价的岗位，本例为5个。

第三步：获取各岗位工作说明书，如果没有，在评价之前就需要做好。

第四步：明确岗位各评价要素，工作职责、权限、任职资格等，也就是工作说明书的内容。

第五步：从1~5号，按照交替排序原则挨个对A~E岗位进行评价。

第六步：汇总每个岗位的评价结果，记录平均分，即可得出每个岗位的位置排序。

配对比较法是将岗位两两配对，较强记1分，较弱记0分，统计分数得出岗位排序。依旧对A~E岗位进行评价（表8-4）。

表8-4 配对比较法举例

	A	B	C	D	E	总分
A		1	1	1	1	4
B	0		0	1	1	2
C	0	1		1	1	3
D	0	0	0		1	1
E	0	0	0	0		0

前四步和交替排序法一样，从第五步开始有变化。

第一步到第四步略。

第五步：如表8-4所示，将纵向A岗位与横向B~E岗位进行对比，在价值比较高的岗位下记1，在弱岗位下记0。以此类推。

第六步：横向统计分数，汇总，得出排序。

第七步：对所有评价人员的分数再次进行汇总，得到综合评分后，确定最终排序。

这里有一个地方需要注意，斜线左右对称的两个单元格的数据之和为1，也就是一方标注了1，另一方就一定是0。

2. 分类法

分类法是先确定某些限定条件，对这些条件进行分层，也就是我们说的等级，然后再将岗位与这些不同等级的描述进行对标，最终确定岗位的相对排序。依旧以 A~E 岗位为例，1~5 号人员对岗位进行评定。但此时的评价，不再由评价者根据岗位说明书进行主观的判断，而是根据事先确定的等级表进行判断（表 8-5）。

表 8-5　岗位等级描述举例

等级	岗位等级描述
1	日常事务：按照程序做，受主管领导直接监督，不需要培训
2	需要一定判断能力：具有初级水平，有一定经验，受主管领导直接监督
3	中等复杂程度：具有中等技能水平，经验较丰富，需要独立思考能力、自我监督
4	复杂岗位：具有高等技能水平，经验非常丰富，需要极强的自我分析与判断能力，能监督他人

表 8-5 就是一张等级评价表的样式。在实际工作中，评价内容的描述要比上述举例中的描述多，企业需根据实际情况编制。根据评价表就可以对 A~E 岗位进行评价，最终核算均分即可。分类法举例见表 8-6。

表 8-6　分类法举例

岗位	1号	2号	3号	4号	5号	总分	平均
A	1	1	2	1	1	6	1.2
B	2	2	3	3	2	12	2.4
C	4	4	4	3	3	18	3.6
D	2	3	3	2	1	11	2.2
E	3	3	3	4	3	16	3.2

管理者在统计时，可根据岗位的多少，以及评价人员的多少，酌情去掉最高分和最低分，保证排序的有效性。分类法的等级评价表在原理上有点类似于任职资格，如果企业打算建立完善的任职资格体系，可以试着先用此方法进行岗位评价，积累经验。

3. 因素比较法

因素比较法不同于以上两种方法。排序法和分类法是定性的排序，这就免不了带有评价者的个人主观意识，而因素法是定量的排序，更加客观与合理。

和分类法有些类似，因素比较法的关键也是需要先确定比较评价基准表。表 8-7 是一张简化的基准表。

表 8-7 因素比较法基准表举例

单位工资（元/小时）	智力	技能	体力	责任	工作环境
0.5		岗位 A			岗位 A
1.0	岗位 A				
1.5			岗位 A	岗位 A	
2.0					岗位 B
2.5					
3.0		岗位 B	岗位 B		
3.5	岗位 B				
4.0				岗位 B	岗位 C
4.5		岗位 C	岗位 C		
5.0					
5.5					
6.0	岗位 C				
6.5					
7.0				岗位 C	

一般而言，管理者对岗位的评价，都会围绕智力、技能、体力、责任和工作环境五个因素进行。当然企业有更详细的内容自然更好，但必须注意，越是详细所需要付出的精力就越多，而效果不一定就等比例提高，因此基准表的设置界限在哪，需要根据情况而定。当有了基准表之后，就可以按照下面的步骤开展岗位评价。

第一步：选定标杆岗位，一般情况要选择至少 10 个。在这里我们做了简化，只选用了 3 个。标杆岗位是企业中具有独特性、界限清晰，也比较好界定的岗位。

第二步：将岗位放进每个评价因素中。

第三步：根据实际情况划分等级以及赋值。赋值就是将岗位工资拆分到很小的比例上。例如，对智力赋值最大值为 6.0，最小值为 1.0；对体力赋值最大值为 4.5，最小值为 1.5。

第四步：对某岗位进行评价。将每一项因素与标杆岗位对标，如岗位 D 的五个因素对标结果见表 8-8。

表 8-8　因素比较法结果举例

岗位 D 与基准表比照情况		
因素	对比	工资标准
智力	与岗位 C 一样	6.0 元 / 小时
技能	介于岗位 A 与岗位 B 之间，偏向岗位 A	1.5 元 / 小时
体力	介于岗位 A 与岗位 B 之间，偏向岗位 A	2.0 元 / 小时
责任	比岗位 C 稍微低一点	6.5 元 / 小时
工作环境	与岗位 C 一样	4.0 元 / 小时
	总计	20 元 / 小时

综合下来，D 岗位的小时工资就是 20 元。以此类推，我们就可以确定所有岗位的小时工资。这个工资数字的大小也就是岗位的相对排序。从上述内容可以看出，因素比较法的核心在于如何确定标杆岗位与拆分后的单位标准值（单位工资）。

标杆岗位找起来不是很难，每一类岗位都会有比较大众的岗位存在，但是单位标准值的确定就需要根据企业的薪酬水平以及外界的薪酬水平来做权衡，太低或太高都会走向极端，也就没有评价的必要了。

对岗位比较少的企业而言，前两种方法已足够，如果岗位较多，从严谨性角度出发我们建议选择因素比较法。当然岗位评价的最终意义还在于确定一套完整的薪酬体系。千里之行始于足下，管理者做好岗位评价就已经跨出了一大步。

8.3 BSC，对管理层的四维度考核

平衡计分卡（Balanced Score Card，BSC）是目前企业使用得最广泛的一种绩效考核方式。它将企业战略目标逐层分解，转化为各种具体的、相互平衡的绩效考核指标体系，并对这些指标的实现状况进行不同时段的考核，从而为企业战略目标的实现建立起可靠的执行基础。

公司的绩效考核，从上往下依次是公司战略目标、事业部目标、部门目标、部门内部员工目标。BSC指标的设置，对各管理层级人员都能体现出较好的目标性和激励性，但对员工却不行。这是因为BSC指标的特性太明显，并不能完全套用在员工身上。因此企业往往将BSC和KPI（关键绩效指标）相结合，以期达到整体绩效管控与激励的目的。关于KPI我们在下一节详述。

平衡计分卡是从财务、顾客、流程、学习与成长四个维度，对公司绩效进行财务与非财务综合评价的一种方式。如图8-6所示，四个维度的指标层层相扣，把短期与长期、内部与外部的每个因素都考虑了进来，能够很好地克服以往单纯从财务视角考核所带来的各种弊端。

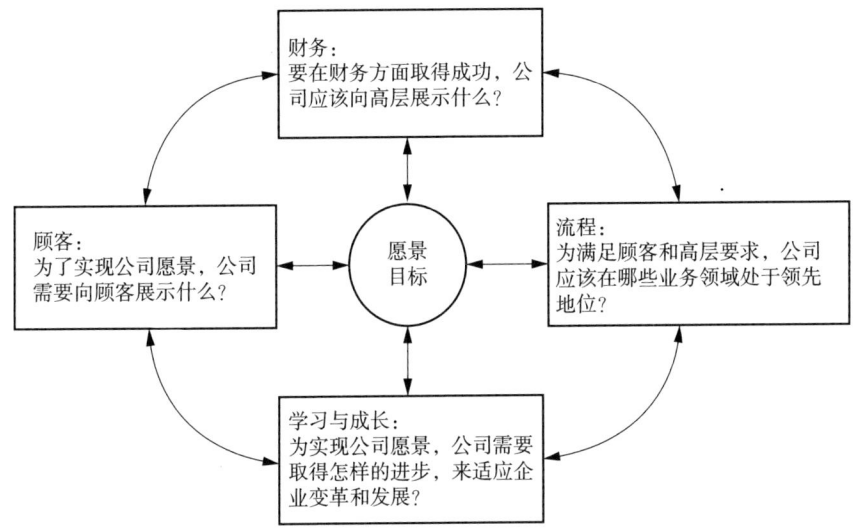

图 8-6　BSC 四维度指标和企业愿景目标的关系

根据组织结构，BSC 将组织愿景和战略转化为各个事业部、部门的具体工作职责，在对应四个维度的同时，科学地设置目标，建立绩效管理体系。在指标设置时，它同时考虑到了长远与短期目标、财务与非财务目标。如此一来，BSC 从上至下，环环相扣，牵一发而动全身。例如，人力资源部如果没有控制好人工成本支出这一财务指标，就会直接影响到财务费用支出的管控指标，以及公司整体的运营成本管控指标。

在制定 BSC 指标时，需要各主要部门与相关职责部门共同商讨与确定。对各项指标的预算值与实际值进行比较，针对设置的目标阶段不同，设定不同的分值。在以季度或半年度为考核周期的前提下，对各组数据进行滚动跟踪，不仅明确完成情况，还能对指标进行及时调整，修正原定目标和评价指标，确保公司战略目标得以顺利实现，见图 8-7。

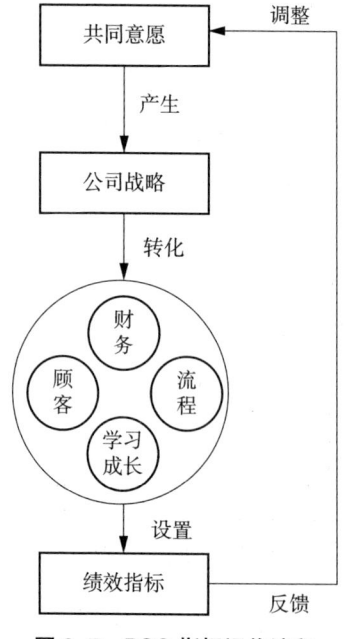

图 8-7 BSC 指标运作流程

企业想要用好 BSC，以它为支点驱动企业发展，在设计的时候必须明确以下几点，见图 8-8。

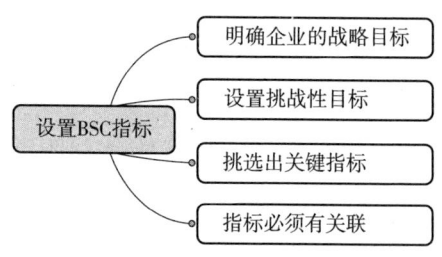

图 8-8 设置 BSC 指标时的四个注意事项

1. 明确企业的战略目标

BSC 是一种从上到下的指标设定与拆分，如果企业目标不明确，没有抓住重点，落实下去的指标完成得再好也起不到多大作用，严重时甚至会出现背道而驰的现象。企业的管理层必须明白，在一年的考核周期内，企业究竟需要取得什么样的成绩才能达成目标。而这个目标的达成又有赖于企业的中长期发展规划。以 5 年的中期规划为例，若企业确定了这一目标就需要拆分到年，离现在越近的目标就越明确，指标自然也就清晰了。如果企业只是走一步看一步，那么 BSC 指标设定的意义就不大。

2. 设置挑战性目标

BSC 指标的设定几乎都存在挑战性目标。一般来说，某一个指标设定为 100 分，只是必达项，在此之上，还可以存在 120 分的挑战，以及 150 分的高挑战，见表 8-9。这种设定是为了让企业的每个部门都能够不自满，不让部门产生"仅仅完成指标即可"的想法，而是让他们在完成指标的基础上能够更进一步。更高的指标达成也预示着更高额的绩效激励，只有每个人都追求更高、更好，企业的发展才会更好。

表 8-9　BSC 指标设置举例

BSC 维度	管理主题	指标	权重	考核频率	指标定义	指标计算方法	数据来源	目标及分值					全年子项最高分	全年加权得分
								否决项	未达项	必达	挑战	高挑战		
财务	效益目标	可控费用控制率	15	半年										
客户		客户满意度	10	半年										
内部流程	准时化生产	人力资源管理	15	半年	招聘完成率	（招聘人数/需求人数）×100%	人力资源部	≤75%	介于否决与必达	≥85%	≥90%	≥95%	100	15
		部门专项任务	10											
学习与成长	提升人才竞争力	员工成长	10		培训有效性									

3.挑选出关键指标

大目标在分解成小目标时极容易把握不准或者拆分不当。比如人力资源部门的招聘工作，整体招聘满足率和高端人才吸纳就是两个非常重要的指标，但如果把招聘通过率等同视之则属于把握不准。招聘通过率虽然是衡量招聘效率高低的一个指标，但对公司整体人员需求来说并不是多么重大的问题，只要能够满足人员需求，邀约10个人成功1个人和邀约5个人成功1个人并没多大区别。但对个人来说这个区别就很大，这就是招聘工作者能力的体现，因此在设置个人KPI时可以将其作为一个考量指标。

4.指标必须有关联

几乎每一个指标都会涉及其他部门，或者是由多部门共同承担。比如财务指标，其和每一个部门息息相关。又如外部客户指标，对存在外部客户沟通的部门就需要承担相应指标。

将以上四点考虑清楚，再设置BSC指标会容易很多。但在具体运用时也不能把它当作万能药，因为所有的绩效管理方法都有其局限性，如BSC的实施周期长、耗时耗力等。这也从侧面提醒企业，一旦使用，那么从第一步开始就要确保方向的准确性。任何管理手段的使用，只有准确无误，才能保证效果。

8.4 KPI，绩效考核的基本功

马云曾经在湖畔大学讲领导力的时候说：什么叫领导力？领导力就是给下属制定 KPI（Key Performance Indicator，关键绩效指标）的能力。这句话得到了许多管理者的肯定。马云这句话是在强调，领导力的核心就是给下属制定绩效目标，并帮助下属完成这个目标。

这些年，企业界关于 KPI 的争议不少，很多企业认为 KPI 过时了，纷纷将目光转向了 OKR（Objectives and Key Results，目标与关键成果法），那么 KPI 真的过时了吗？从来没有。小米公司的雷军曾经在 2016 年提出"开心就好"，对手机的销量不做强调，当年小米手机的销量便出现下滑。2017 年 1 月，雷军在小米年会上发表演讲，提出了销售破千亿元的指标，并确定开零售店的计划——未来三年，开设 1000 家小米之家，这本质上仍是 KPI。

KPI 是指企业的战略目标经过层层分解所产生的可操作性战术目标。它是用来衡量某岗位任职者工作绩效的具体量化指标，也是对员工工作任务完成效果最直接、最客观的衡量依据。其特点主要体现在以下四个方面：

1. KPI 必须与组织的战略挂钩

KPI 本质上是一种帮助企业完成战略目标的工具。通过与 BSC 的结合，KPI 可将企业的总体战略目标分解为若干个小目标，使整个公司、每个员工都在为完成目标而努力。

2. KPI 是对关键操作过程的衡量，而非对所有过程的反映

在组织中，每个岗位的工作内容都涉及不同的方面，但 KPI 只考核对公司整体战略目标影响较大，以及对战略目标实现起到不可或缺作用的工作进行衡量。

3. KPI 是对绩效构成中可控部分的衡量

员工的绩效成果是内外部因素综合作用的结果，这其中内因是员工可控制和影响的部分，所以关键绩效指标应尽量反映员工工作的直接可控因素，剔除他人或环境造成的影响。

4. KPI 需要制定者和执行者进行充分的沟通、达成共识

KPI 考核不是由上级强行确定下发的，也不是由员工自行制定的，它的制定过程由上级与员工共同参与完成，是组织中相关人员对工作绩效要求的一种共识。

多年来，KPI 已成为企业绩效管理中最常用的一种方法，但在实际应用中却仍然出现不少问题，常见的误区见图 8-9。

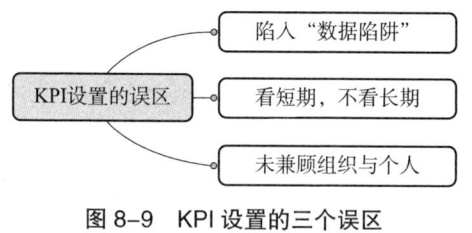

图 8-9 KPI 设置的三个误区

1. 陷入"数据陷阱"

在一些企业，管理者为实现 KPI 指标的量化设计了众多考核项目，他们认为数据越多、越全，考核水平越高，然而单纯追求数据的结果就演变成了一种填表游戏。原因是某些考核项本就难以客观量化或者并不

适合作为关键绩效指标,考评者为了打分便凭空臆造,这可能会导致考评者与被考评者的双重抱怨。

2. 把KPI当成短期行为,忽略了长远利益

绩效管理并非短期行为,而是一个系统性的工程。但不少企业管理者依然只把绩效作为一个工具、一种手段,考核的目的性不准确。最常见的是,企业虽然制定了KPI,但其绩效考核与组织战略完全脱钩。例如,某销售部门制定的考核指标只关注单一的利润值,而未考虑市场占有率、客户满意度、团队建设等指标,这将会导致销售业绩不稳定,人员流动性增加。

3. 未正确处理组织与个人考核间的关系

KPI考核源于组织战略,因此员工个人绩效应首先与团队绩效挂钩,而后才能推动企业整体战略目标的实现。所以,一些管理者直接对员工个人进行KPI考核的方式并不科学,没有弄清楚组织与员工在绩效达成上的内在联系,只会引导员工仅关注个人绩效,而忽略团队绩效。

因此,企业在设置KPI考核的基本程序时,应包括以下三个步骤,见图8-10。

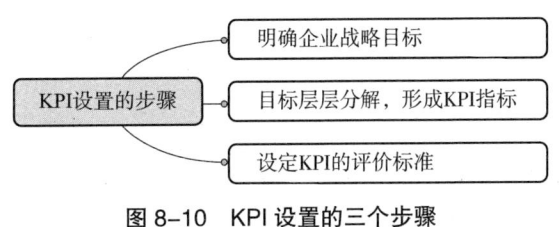

图8-10 KPI设置的三个步骤

1. 明确企业战略目标

管理者应从战略执行的角度来设计KPI,如此才能将绩效考核与企

业的日常经营关联起来，真正发挥绩效考核的战略导向作用。

2. 目标层层分解，形成 KPI 指标

从组织结构的角度来看，KPI 是一个纵向的指标体系，即先确定公司层面关注的 KPI，再确定部门及个人所需承担的 KPI。

第一，在明确组织战略的基础上，管理者利用头脑风暴或鱼骨分析等方法，找出企业的业务重点，提炼关键业务领域的关键业绩指标，形成企业级的 KPI 指标。

关于鱼骨图的绘制，一般都需要经过五个步骤：

1）问题负责人召集相关人员，组成问题讨论小组，小组成员必须对问题有足够深入及全面的了解。

2）根据想要找寻的问题或者达成的目的，将其固定在鱼骨图的最右边，类似于一条鱼的鱼头。

3）为了解决问题或者达成目标，小组成员需要讨论出 5~7 个最为关键的影响因素，并且每一个方面不能出现重合。如果列举 5~7 个因素一定会有重合，说明本身并不需要这么多因素，应做出适当的取舍。

4）每一个大因素下面，再列出 2~3 个可衡量的指标，用来判断因素的达成情况。

5）从头复盘，明确无遗漏、无重复，最终确定下来。

按照上面的五个步骤，一个问题或目标的鱼骨图就出来了。针对里面涉及的可衡量的指标，可以根据不同的层次，分配到不同层级的员工或组织中去，形成不同层级的 KPI 指标，见图 8-11。

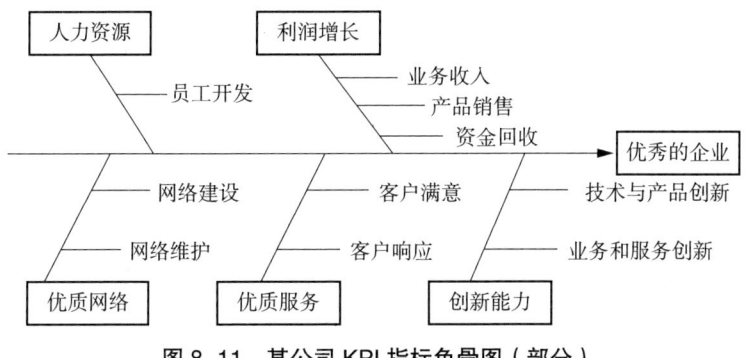

图 8-11 某公司 KPI 指标鱼骨图（部分）

第二，有了企业级的 KPI，管理者通过战略地图等工具再对其进行分解便可建立部门级的 KPI，同时分析绩效驱动因素，包括技术、组织、人，制定出各部门的评价指标体系。

第三，管理者将部门级的 KPI 进一步分解为更细的员工级 KPI，形成各岗位的绩效衡量指标，而这些绩效衡量指标就是员工考核的要素和依据。

管理者还需注意，各级 KPI 指标的设定必须遵循 SMART 原则，即 S（Specific），目标必须是具体的；M（Measurable），目标可以衡量；A（Attainable），目标是可以实现的，没有超出员工的实际能力范围；R（Realistic），目标符合公司实际情况并且是可以证明的；T（Timebound），目标的实现有时间限制。

3. 设定 KPI 的评价标准

KPI 指标确立之后，需设定一套科学的评价标准。在考核管理中，指标意味着从哪些方面来衡量或评价工作，解决"评价什么"的问题。评价标准指的是员工在各指标上分别应达到什么样的水平，解决"被评价者怎样做、做多少"的问题。以某公司销售部负责人"完成公司新产品销售任务"这一 KPI 指标为例，其评价标准的设定见表 8-10。

表 8-10 某公司 KPI 指标设置举例（部分）

KPI	权重	标准
主营业务收入	30%	收入完成率每超 1%加 0.9 分，欠 1%扣 2.25 分
增值及转型业务收入	5%	1 分，加 1 分封顶
资金回收率	3%	1 个月资金回收率目标 97%，低于 97%扣 5 分
市场占有率	3%	市场占有率低于 40%不得分，达到 40%得 1 分，每增加 15%得 1 分，总分 5 分

针对"主营业务收入"这一项，如果公司确定的目标是 300 万元，那么最开始就有 30 分，在此基础上，每增收 3 万元，则可以增加 0.9 分，但每少 3 万元，则需要扣掉 2.25 分。

经过上述三个基本步骤，管理者才能采取进一步的措施对组织及个人 KPI 的表现进行跟踪、记录与分析，并最终实现绩效考核的目标。需要强调一点，很多企业会把 KPI 作为企业级指标的拆分方式，这是可行的。但更多时候，BSC 更适合企业级指标拆分，因为其维度更加丰富。

8.5 OKR，让绩效管理更简单

如上节所述，很多企业认为 KPI 过时了，开始对 OKR 投去希望的目光，OKR 在企业界也越来越流行。OKR 由 Intel 首创，在 Google 使用后被推广，接着华为、百度等国内知名公司也都积极引入。2017年，华为内部的一次绩效满意度调查显示，开展 OKR 的团队，在绩效管理各维度的满意度全面高于采用传统绩效管理方法的团队。

OKR 全称是 Objectives and Key Results，即目标与关键成果法。它是一套定义和跟踪目标及其完成情况的管理方法，旨在确保员工紧密协作，把精力聚焦在能促进组织成长的、可衡量的贡献上。从其定义就可以看出，OKR 是一种目标管理方法，并不是绩效管理办法，它用来衡量过程而非结果。有些管理者对此认识有误，盲目相信 OKR，导致最终的考核结果反而引得怨声载道。更全面地了解 OKR，反而有助于企业管理者看清 KPI 在绩效考核中的重要作用。

OKR 可以拆分为两个部分，O 是 Objectives（目标），KR 是 Key Results（关键成果）。目标"O"是对组织在一定时期内期望发展方向的一种定性描述，即"我们想做什么"。关键成果"KR"是对达成目标"O"的标准而进行的定量描述，即"为了达成这个目标我们必须做什么"。因此"O"和"KR"结合在一起就是"为确保达成企业目标的关键成果分解与实施"。相比传统的 KPI 绩效考核，OKR 具有三个特点，见图 8-12。

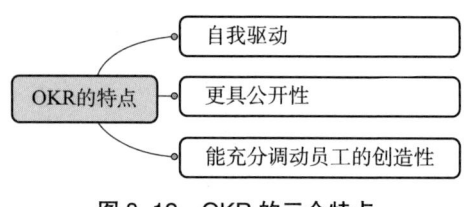

图 8-12　OKR 的三个特点

1. OKR 属于自我驱动

使用 KPI 考核，管理者除向员工拆分考核指标外，还需事先与员工约定如何完成工作任务，并且将结果与绩效奖金挂钩。OKR 则能够让员工了解达成目标的方法，具体该如何完成目标由员工自己决定。

2. OKR 更具公开性

在 OKR 体系中，所有的成员能自由查询其他成员的 O 和 KR，这不仅可以产生群体监督的作用，还可以合理有效地组建项目团队。而 KPI 考核则更多在小范围公开，如上下级之间、与指标相关的同事之间等。

3. OKR 能充分调动员工的创造性

KPI 的绩效管理方式通常是预先设定、契约式的，一旦确定就不会轻易变更。而 OKR 的模式则给了员工创造性发挥的空间。其中关键成果需要员工自己提出来，为了提出自己的关键成果，员工需要学会思考与沟通。正如德鲁克所言：我们要用一个"完整的人"，不是把人当作机器或者机器的衍生。

OKR 实施的三个步骤见图 8-13。

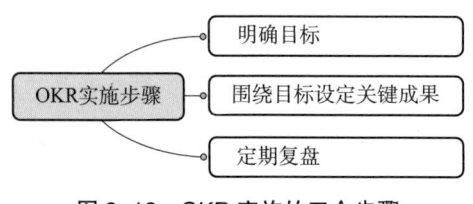

图 8-13　OKR 实施的三个步骤

1. 明确目标

OKR 的目标必须符合 SMART 原则。例如，作为一名公司的培训经理，"我想让公司的培训做得更好"这个目标显然太模糊，更具体、清晰的目标设定应该是"年底前让员工的培训满意度超过 95%"。

2. 围绕目标设定关键成果

有了明确的目标后，接下来就需要设定好 KR，即关键成果。一个有效的 KR 通常具备以下特点：

（1）按此方向及正确途径实施，能达成目标；

（2）具有进取心、创新性，多数情况下非常规；

（3）必须以产出或结果为基础，评分标准可以衡量；

（4）必须和时间相联系。

3. 定期复盘

OKR 需要定期复盘。OKR 的复盘，可以通过定期会议的形式来开展，通常可以是每季度或半年度一次。在会议中，各 OKR 负责人依次回顾自己负责目标任务的执行情况，包括：

（1）OKR 总体评估与打分情况；

（2）各项 KR 完成的状态，哪些部分没有完成；

（3）执行时遇到了什么问题，自己是如何解决的；

（4）需要提升与改善的空间，未来 OKR 规划与设计等。

综上所述，OKR 是一种非常高效的目标跟踪管理机制，它以目标为导向，结果与过程并重，更强调员工个体的自主创造性。因此，下面这几类公司更适合使用 OKR。

1. 创业型公司

创业型公司的战略目标并不清晰，需要不停地探索，因此运用 OKR 的管理模式可以帮助管理层不断试错，并通过阶段性的复盘来修正。此外，创业型公司缺人、缺钱、缺知名度，OKR 的模式可以使公司的有限资源更加聚焦。

2. 创新驱动型公司

由于 OKR 具有鼓励创新的特点，因此比较适合互联网、高新技术等创新型公司。例如，华为、百度等企业之所以能成功实施 OKR，一个很重要的原因就是它们的员工大多是高素质的知识型人才，并且公司也具备持续创新的企业文化。相对而言，那些流水线操作的制造型企业就不一定需要 OKR，因为员工的工作目标已经定义得很清楚，完成这些可以量化的指标就足够了。

3. 转型变革期的公司

这个时代，变化就是最大的特点，激烈的市场竞争下，许多大型企业都开始谋求转型变革，如百度当时引入 OKR 就是基于这样的背景。百度的一名员工曾说："KPI 时代，管理层只关心自己的事就够了，现在 OKR 来了，我们都需要关心公司层面的事，从上到下对齐，公司要扶持哪一个项目，大家得一起干。"

有如此多优点的 OKR，为什么很多企业运用失败了呢？前文已经说过，OKR 只是一种目标管理方法，而非纯粹意义上的绩效考核办法，很多企业没意识到这点，自然没办法把 OKR 与绩效考核很好地衔接起来。

Google 在运用 OKR 时，是和另一种评价工具"Peer-Review"（同行评议）相结合使用的。简单理解就是，"Peer-Review"和国内的"360°

考察"有些类似，但前者更加深入。360°考察在国内更多地被用于非量化的主观评价，而"Peer-Review"是在全方面分析个人工作的情况下做出的定量评价，而这正是OKR得以顺利实施的核心保障。例如，员工在设置个人OKR时，为了能达成要求，可能存在故意降低自身标准及隐藏能力的情况，在"Peer-Review"的考察下，就会被揪出来，员工的这种小心思自然也就无处躲藏了，见图8-14。

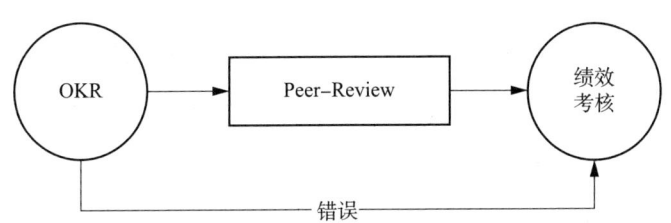

图8-14　OKR与"Peer-Review"结合

注：OKR只有通过中间流程的转换，才能与绩效考核挂钩，省略中间步骤，直接参与考核，就成了"拍脑袋"决定。

现在很多企业OKR之所以很难达到效果，就是因为缺少了这样一种衔接两者的工具。OKR不直接与绩效相关，却被用于绩效考核，考核结果就是领导根据员工的表现"拍脑袋"决定的。这种考核方式，甚至还不如KPI。所以，企业要想使用OKR，就必须结合公司实际情况，量身定制"转换表"，通过表单间接展示员工的绩效表现。

8.6 做好"不扣钱"的绩效管理

在本章的最后,我们谈一个关于绩效管理弊端的问题。很多企业经常会犯一个错误:部门绩效越差就越不给员工涨工资。而华为的做法恰好相反,华为有一个规定:华为会给员工一个工资包,员工想拿多少工资,按比例倒推出员工的任务。例如,给员工500万元的工资包,员工拿的工资是30万元,那么他必然会为了这30万元去想办法完成绩效。

管理要把企业的组织绩效和部门费用、员工收入相关联。公司要考虑员工怎么活下去,要考虑员工的生活质量不降低。员工有钱却没时间花,这是企业绩效成果的表现,因为人人都在努力工作,以至于都忘了休息。

而企业最痛苦的是什么呢?低工资的人很多,但每个人都没事干,一群员工一天到晚有时间却没钱。所以华为强制规定必须给核心员工加工资,从而倒推他要达成多少收入目标。每年完成任务,给前20名的员工加20%工资,中间20%的员工加10%的工资。每超额完成了10%,再增加10%的员工。

华为的绩效做得很成功,与它的文化、绩效考核体系息息相关。绝大多数企业即便采用了BSC、KPI、OKR,依然绩效平平。"人人达标,但业绩未达标,年年考核,但业绩未提升",成了企业最普遍的现象。

为什么绩效考核总是达不到预期的效果,概括起来有三点原因:

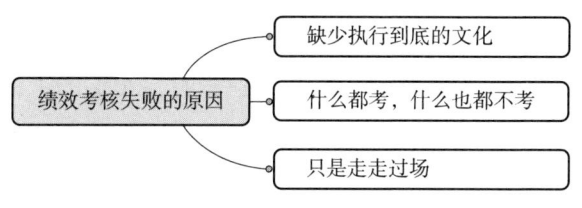

图 8-15 绩效考核失败的三个原因

1. 缺少执行到底的文化

很多公司在开展绩效考核时，一项任务做了不少努力，但规定时间内未达成任务目标，就会听到很多推卸责任的理由，如客户变卦、政府拖拉、人手紧张等。这些理由听上去合情合理，虽然在今天这个节点没有完成，但是过一两个月就可以完成，于是公司会人性化地给予一个"满意"的分数。

这样的操作，表面看似人性化，实则却在破坏规则，它直接修改了原定的绩效目标，并且给员工的心理暗示是，目标看似不可动，实际却可以随意调整。久而久之，团队里"半拉子"的工程越来越多，团队一团和气，执行力却很差。

要达成目标，必须有执行力强大的团队。西点军校靠着"绝对服从""没有任何借口"的原则建立了一流的学员队伍。企业管理者在做评价时也应该遵从"不谈环境、不谈困难、不谈条件"的原则。缺少执行到底的文化，再先进的工具、再多的绩效考核都是白费功夫。

2. 什么都考，什么也都不考

很多公司在设置BSC指标时，每一样指标都想考。一次考核，项目多达几十项，每项只占几分，结果，一些考核项结果如何，除了被考评人自己，其他人都不知道。重要的考核项由于占分比例小，即便没有完成也不影响总成绩。考核项太多反而没有了重点，看似无所不包，其实什么都没做到位。结果是员工满意而归,企业目标却没有实现。

绩效考核是管理的指挥棒,二八原则表明,20%的工作实现80%的目标,所以绩效考核要瞄准影响总目标最重要的事项。管理者切忌"眉毛胡子一把抓",看似都在管,其实都没有管。绩效考核项不在于全面,而在于明确方向,必须与企业的战略方向相吻合。

3. 只是走走过场

不少公司的绩效考核只是打个绩效分数、扣个绩效工资。有些员工会认为,绩效考核就是考核自己与领导的关系,与领导关系好考核分数自然就高,关系不好分数自然就低。"绩效考核就是扣钱""绩效考核就是一种形式主义",当这种观念深入员工内心时,绩效考核已经彻底失去了意义。

很多人认为制定绩效考核体系的导向是考核"评分",不是为了提升"绩效",忽视了绩效评分规划和绩效评价等级的设计,从而传递了一种错误的考核导向。管理者要明白,绩效管理不是以扣钱为目的,它是通过设定工作目标,根据实际工作与目标的差距,形成工作的闭环,从而寻找达成目标、完成任务的方法。

因此,做好绩效管理,让员工觉得绩效不以"扣钱"为目的,管理者需要把握以下五个关键点,见图8-16。

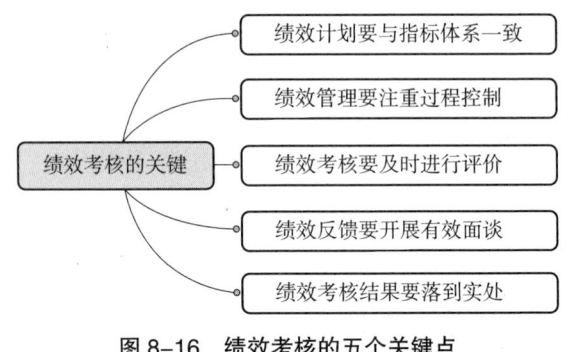

图8-16 绩效考核的五个关键点

1. 绩效计划要与指标体系一致

指标体系包括了绩效指标和与之相对应的标准。换句话说，绩效指标解决的是企业需要关注"什么"才能实现其战略目标（绩效计划），而绩效标准着重的是被评价的对象需要在各个指标上做得"怎样"或完成"多少"。

2. 绩效管理要注重过程控制

绩效管理不仅要关注最终任务完成情况、结果或产出，同时还要关注绩效形成过程。管理者要对被评估者的工作进行监督，不断地对员工进行指导和反馈。管理者通过绩效管理与员工进行持续的沟通，对发现的问题及时予以解决，并随时根据实际情况对绩效计划进行调整。

3. 绩效考核要及时进行评价

绩效考核可以根据具体情况和实际需要进行月考核、季度考核、半年考核和年度考核。考核期开始时，签订的绩效合同或协议一般都规定了绩效目标和绩效测量标准。绩效合同一般包括：工作目的描述、员工认可的工作目标及其衡量标准等。

4. 绩效反馈要开展有效面谈

在绩效管理的过程中，管理者还需要与员工进行一次甚至多次面对面的交谈。管理者要使员工了解：上级对自己的期望是什么；自己的绩效如何；自己有哪些方面有待改进。并且，员工也可以提出自己在完成绩效目标中遇到的困难，请求上级的指导。

5. 绩效考核结果要落到实处

绩效考核结果出来以后，需要与其他管理环节相衔接，比如依据考核结果制订绩效改进计划、组织培训、分配奖金、职务调整、员工职业发展开发、人力资源规划以及正确处理内部员工关系。这些都是人员管理中的环节，各个环节环环相扣。

一个企业最好的状态应该是：4个人的工作，由2个人来做，拿3个人的工资，这才是绩效管理希望实现的目标，如此才能更好地以绩效推动企业发展，让员工和企业共享成果。

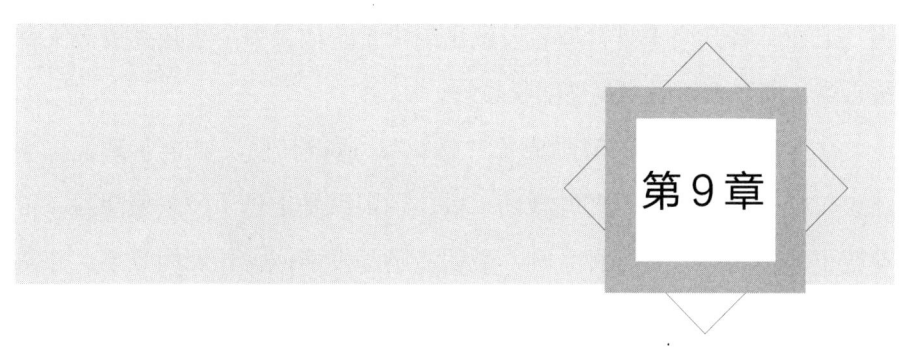

第 9 章

做好员工激励

9.1 做好员工激励，共创企业未来

在我们的咨询案例中，有很多失败的激励行为。一家互联网公司有一位核心技术开发人员，他技术非常出色，工作踏实努力，领导和同事都非常欣赏他。公司为了栽培这个难得的人才，把他安稳地留在公司，于是安排他担任一个新技术开发的项目主管，负责此项目的全部事宜。

一个月下来，该主管并没有因升职而开心，反而多了不少烦恼。烦琐的事务性工作让他忙得晕头转向，没有更多的精力管理项目团队，也渐渐生疏了自己拿手的技术开发工作。尽管他加班加点，非常努力，可团队业绩却始终上不去。显然，公司多了一位低能的项目主管，少了一位高效的技术人才。

可能有人会觉得，既然他不能胜任管理工作，换掉不就好了吗？但这其实不是一件容易的事。一方面，如果管理者把他重新调回原来的岗位，会打击他的工作积极性，不利于以后的工作开展。管理者原本是出于激励的目的做的安排，最后却成了打击，这是大家都不愿意看到的。

另一方面,晋升决策是管理者曾做出的决定,如果一个晋升决策很快就被否决,那管理者必将丧失部分威信。

毫无疑问,企业的激励成了"惩罚",适得其反。对企业来说,不能仅仅把晋升当作最重要的激励手段,否则就是走进了一条死胡同。企业花了很多的心思做各种激励,最后激励却没能取得预期的效果,非常可惜。

什么样的激励,起不到好效果呢?从本质来讲,坏激励主要有两个特点,见图9-1。

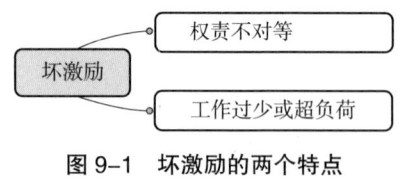

图9-1 坏激励的两个特点

1. 权责不对等

如果你只是一个部门负责人,管理者要把企业的责任交给你,但是却没有提供对等的岗位和相应的权利,此时你承担的责任比你的岗位要大,这个就叫权责不对等。这个时候无论怎样激励都没有用,因为在这种权责不匹配的工作中,无法产生绩效,更无法衡量绩效。

2. 工作过少或超负荷

只属于某一个层次的某个岗位,如果工作量是下一个层次,则是岗位过高,责任过少;如果工作量是上一个层次,则是岗位过低,责任过多。这两种方式都是不可取的。过少的责任和过高的地位,会让其他人感到不公平,而过多的责任和过低的地位,又会让员工本人感到不公平。

对于以上两种情形,激励对他们来说就是"画饼",没有任何意义。只要是员工觉得不公平的,激励就不会起到任何作用。

从长远来看，一个聪明的管理者想要留住人才，不仅仅要考虑岗位晋升的问题，更应该建立科学合理的激励机制。通过改善工作环境、提供相应资源、加薪、股权激励等手段，对人才进行短期与长期的激励。

赫尔维茨认为，设计者所制定的机制需要给每个参与者一个激励，以使参与者在最大化个人利益的同时，也能够达成设计者所制定的目标。也就是说，聪明的管理者懂得激励员工，让员工尝到激励的"甜头"，这样员工就会越干越有劲，感觉每天工作"有奔头"。激励需要经营，经营激励就是如何从人性的角度来设计激励，进而提高组织内员工的工作热情、积极性、忠诚度等。而这些，无非是为了企业能够实现长远发展的目标。

因此，从大的方面来讲，激励可以从以下五个原则进行思考，见图 9-2。

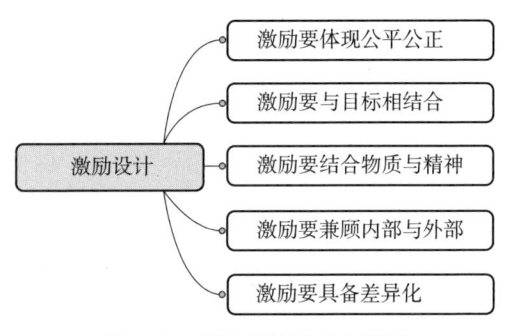

图 9-2 激励设计的五个原则

1. 激励要体现公平公正

管理者要秉持公平、公正的原则，不带任何偏见和喜好，不表露出任何不公的言行。员工评价自己所获得的报酬时，不仅拿它与自己所做的劳动贡献相比较，还会与他人或者自己以前的情况相比较。这就要求必须做到有效公平，才能让员工的公平感得以存在。

2. 激励要与目标相结合

促进团队目标实现的行为和品质，都应该得到肯定。一般来说，值得肯定的行为都能解决实际问题。员工勇于承担风险，善于抓住机会，才能让工作数量和质量都超出一般水平。

3. 激励要结合物质与精神

一个员工既有基本的物质需要，也有获取他人肯定、成就等精神层面的需求。管理者在对员工实施激励时，应该将两者结合起来，这样才能真正调动员工的积极性。

4. 激励要兼顾内部与外部

根据赫茨伯格的"双因素理论"，工资、奖金、人际关系等用来满足员工生存、安全、社交需要的因素，都属于外在激励因素。外在因素只能起到"保健"的作用，也就是让员工不厌恶，而那些能够满足员工自尊和自我实现需要的内在激励因素，才能激发员工的潜力，让员工积极工作。同时，这些激励因素产生的效用远比外在"保健"因素更深刻、更持久。

5. 激励要具备差异化

员工在年龄、成长经历、教育背景、思维方式等方面存在差异，管理者在建立激励机制时，就应制定有层次的差异化激励政策。

"科学管理之父"泰勒在《科学管理原理》中谈道："在管理体制下，工人们发挥最大程度的积极性；作为回报，则从他们的雇主那里取得某些特殊的刺激。"这里"特殊的刺激"就是指员工的激励，科学管理的根本目的是谋求最高劳动生产率，实现企业与员工共赢。作为管理者，有义务营造一种全员激励的机制，让员工与企业共创未来。

9.2 合理分配奖金，杜绝员工吃大锅饭

假设你们公司新招聘了两名电话销售员 A 和 B。在上班第一天，公司分配任务，要求在一天内每个人需打 100 个陌生电话。随后 A 员工打了 100 个电话，最终到访为 0，成交为 0；B 员工也打了 100 个电话，最终到访 5 人，成交 2 人。A 员工根据自身的主观经验打完了 100 个电话，完成任务；B 员工在打完 100 个电话的同时，还记录了各个客户的情况，并制定了下次跟进方案。

现在有两个问题：

第一，A、B 两名员工，是否都通过了试用期？
第二，如果公司对新人有一笔额外的奖励，该如何分配？

这两个问题很好回答。B 员工通过试用期并获得奖励，A 员工没有通过试用期被淘汰。

可实际上很多企业并不是这么做的，往往是 A 员工和 B 员工都会通过试用期，并且都会获得奖励。只是有一点很明确，就是 A 获得的奖励要比 B 少，但不是没有。这就是典型的"吃大锅饭"，在企业中比比皆是。

相信大家经常会听到这样的话：没有功劳总有苦劳吧。就是这种理念让没有成绩的员工自认为自己有付出，就要有回报，甚至有些管理者也会有这样的想法。可实际上这是不利于团队发展的。一旦这种理念被

认可，就会改变员工衡量一件工作有没有做好的标准，他们会认为只要做了，即便没出成绩也是对业绩有帮助的，领导就需要认可我。没有价值的创造，是一种纯粹的浪费，包括成本、时间与精力。

企业经常会遇到这样一种情况：做项目的时候不见人，发奖金的时候人来了，甚至还问同事，为什么奖金没有自己的份。企业分配奖金是很难的一件事情。不同部门有不同的业务性质，人员的贡献也不一样，有人贡献大，有人贡献小。该如何论功行赏，以什么标准来分配奖金，都是在奖金分配设计中需要考虑到的问题。一般来说，奖金分配有四个原则，见图9-3。

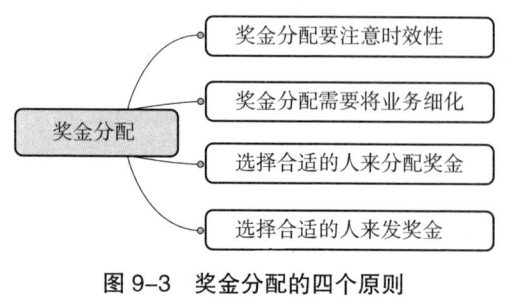

图9-3 奖金分配的四个原则

1.奖金分配要注意时效性

海尔集团总裁张瑞敏讲过一个发奖金的例子，他说："比如今天下午开会，那么中午的时候就一定要把奖金给大家发了，下午的会才会达到效果。"如果某个员工工作很出色，应该给其加薪或者予以奖励，结果拖了半年才真正兑现，虽然花了钱，但是起不到应有的激励作用。奖金分配合理很重要，但奖金分配的时效同样重要，只有在需要刺激的时候给予员工刺激才能起到作用。这就好比人在渴的时候给他一碗水喝，他会很感激你，但若不渴，甚至刚刚才喝过，你给他一碗水喝，他不仅不会感激你，甚至会怀疑你动机不纯。

2. 奖金分配需要将业务细化

在分配奖金时，尽可能把每个岗位的业务目标细化，不要整个公司定一个目标，这个太笼统了。例如，负责电话销售的员工这个月的客户达成率的目标有没有完成；负责创意的人想了哪些新创意，业绩展现成果如何。企业需要按照当月利润情况，拿出固定比例放进总的奖金池，再按照贡献数据进行分配，贡献得越多，自然从奖金池中拿的就越多。

3. 选择合适的人来分配奖金

越贴近员工工作实际的人分配奖金越能够体现出公平性。在管理者本身就给人以公平的印象下，分配更具说服力。很多时候员工之所以认为不公平，就是认为分配奖金的人并不了解自己的工作，把自己的工作量及重要性降低了。

4. 选择合适的人来发奖金

管理者选择合适的颁发奖金的人，也会对激励效果产生影响。同样一笔奖金，让老总发和让员工的上级发，效果就不同。从马斯洛需求层次理论来看，奖金是在满足员工的生理需求，但谁来发则体现着员工的被尊重，甚至是自我实现的需求。这种高级的需求满足比单纯的奖金更诱人。

怎么设计奖金分配方案呢？通常有两种方式：目标奖金制、打包奖金制，见图9-4。

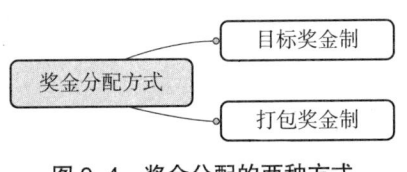

图9-4 奖金分配的两种方式

1. 目标奖金制

目标奖金制的基本设计原理：每个岗位按照其固定薪酬乘以一个固定比例来计算目标奖金，见表9-1。

表9-1 目标奖金制奖金计算举例 单位：元

姓名	基本工资	奖金占工资比重	绩效系数			奖金
			个人	部门	公司	
卜小超	10000	20%	1.0	1.2	1.5	3600
卜小娜	10000	20%	1.5	1.0	1.5	4500

注：奖金=基本工资 × 奖金占工资比重 × 个人绩效系数 × 部门绩效系数 × 公司绩效系数。

如表9-1所示，两名员工的基本工资都为10000元，设定目标基准奖金为基本工资的20%，则员工的基准奖金为2000元。按照绩效考核系数设定的规则，可以对员工个人、部门及公司三个层次，均设置必达（1.0）、挑战（1.2）、高挑战（1.5）三个系数指标（此例的绩效系数如表所示），再结合奖金计算公式，就能够很快算出两名员工的绩效奖金。因为个人最终奖金多少不仅和个人绩效系数有关，还与部门绩效系数、公司绩效系数有关，因此为了拿到最高绩效，员工、部门、公司三个层面都需要加倍努力。

在计算个人奖金时还需要做一件事情，就是部门领导需按照个人绩效系数来调节员工个人最终奖金，从低绩效员工名下拿走一部分奖金，转移到高绩效员工名下。这是因为有的指标较为简单，容易达成，就会出现高绩效系数，但从个人付出角度看，却并不是贡献最多的，因此奖金的人为调节反而是为了确保公平性。

2. 打包奖金制

打包奖金制，就是公司根据销售额或利润额提取一定比例，形成奖金包。奖金包分配到部门后，再按部门内部员工绩效贡献大小来进行分配。与前面一种方法相比，员工并没有一个特定的目标奖金值，最终奖金多少完全取决于公司和部门绩效，见表9-2。

表9-2 打包奖金制奖金计算举例　　　　　　　　　　　　　单位：万元

项目组	一组	二组	三组	四组
绩效系数	80%	100%	110%	120%
奖金数	19.5	24.4	26.8	29.3

注：奖金 = 总奖金 ×（小组绩效系数/小组绩效系数之和）。此例总奖金为100万元。

例如，某公司当年实现利润5000万元，公司决定拿出当年利润的2%（100万元）作为奖金池，按绩效系数把奖金分配给4个独立的项目小组。其中，4个小组当年的绩效系数分别为80%、100%、110%和120%。那么，以第1个项目组为例，分到的奖金总额为：100×[80%/（80%+100%+110%+120%）]=19.5万元，另外三组以此类推。

每当我们问到衡量一个员工是否优秀的标准是什么时，大家都会毫不犹豫地回答"业绩"。业绩的回报就是奖金的合理分配，它不仅是杜绝员工吃大锅饭、区分高绩效员工和混日子人员的有效方法，而且是企业的发展所需。企业要追求效益和利润，本质上和员工对工资和奖金的需求是一样的，只有当公司取得更多的利润，才能提高员工的福利和收入，这是一种双赢。

9.3 比钱更有价值的激励，是使命

上一节我们讲到了奖金分配的问题，接下来我们更多地谈一下非金钱的激励。对企业来说，不论是从非金钱类激励的重要性，还是单纯从节省成本的角度考虑，"不直接给员工发钱"的激励，都是值得管理者认真考虑的。

从第1章开始，我们讲到的选人用人、公平环境的打造、员工培养、良好沟通环境的创造，本质上都是在获取员工的认同。企业通过某些动作，让员工感知到企业的用心，进而产生一种归属感。这种归属感就是企业想要最终达到的目的。显然，激励就是其中的一种方法。所以，综合运用各种类型的激励是非常有价值的。

这种价值体现在，企业能给员工营造一个舒畅、乐在其中的工作氛围。只有认同，才会行动；只有行动，才能形成良好氛围。在面试的时候，面试官会问求职者从上一家公司离职的理由，很多人会提到一个原因：企业工作氛围不好。这里的工作氛围指的是企业的环境，涵盖的内容比较多，如人际关系、领导方式、相互融合的程度。

工作氛围不好的原因包括但不限于：领导过分苛刻、付出和得到不成正比、人际关系差、同事之间关系冷漠、上下级缺乏沟通和信任、部门之间相互推卸责任、个人工作激情被压制等。员工人心涣散猜忌，自然各守营地，更谈不上使命感与成就感。作为管理者，需要通过不断认可、真诚赞美、及时给予员工辅导等方式，传递出认可员工工作能力的

信息，如此才能够激活员工，才会让员工觉得这是他们想要的工作，从而坚持不懈为之努力。

任正非说："要相信人内心深处有比钱更高的目标和追求，愿景、价值观、成就感才能更好地激发人。"Facebook 的扎克伯格也曾说过类似的话："有了使命，就会让人更专注。"那些有明确且坚定使命的企业会更成功，它们懂得通过内在激励的方式让员工认识到自身的使命感，激发内心深处的工作激情，实现了工作最大价值的长期激励。很多企业都会有类似的情况：某位员工即便工资不是最高，可他工作得依然很开心。问其原因，他可能会说，我们部门氛围特别好，没有钩心斗角，大家相处特别融洽，团队每个人都挺可爱的。这就是氛围的力量，良好氛围营造了集体的使命感。

美国企业家德普雷提出的"德普雷定理"指出：人们之所以需要工作，是因为希望得到自由发挥的机会，对于热爱工作的人来说，工作本身就是对他的最佳鼓励。该理论认为，对员工的最好激励，就是让员工在工作中能够有发挥自己能力的空间，并取得相应的成绩。

员工工作体验感好，个人感受就会外化成口碑。一旦团队成员共同营造口碑，就会正面影响员工的工作使命感，进而转换成重要的激励因素。《驱动力》的作者丹尼尔·平克曾说："要想人们负责任，必须确保他们对自己的工作内容、工作时间、工作方法、工作团队有控制权，这是达到这个目标的必经之路。"腾讯公司处处强调用户体验，在员工管理上也是如此。外部客户需要良好体验，内部员工也需要良好体验，这样工作的氛围才会融洽。管理者可以从两个方面考虑员工的使命激励措施，见图9-5。

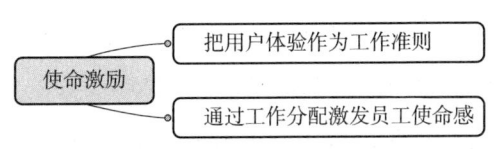

图9-5　用使命激励员工的两种方式

1. 把用户体验作为工作准则

用户体验，几乎是腾讯公司每个人身体力行的工作准则，腾讯公司从小细节入手，把"用户体验"融入工作，并以此激励员工。当新人进入腾讯就会发现自己的同事、上司都会在 QQ 空间、微信朋友圈上分享他们对优化产品细节的思考，而且这样的思考还常常引来围观。等新人自己有了心得体会，哪怕是很小的感触，只要是关于产品优化、用户体验的，把它们发表出来，也会受到同样的"围观"。

试想一下，一条思考引来一群同事关注，他们都跑来给你点赞、留言，你会有什么感受，难道不会被激励吗？作为腾讯员工，在这样的团队中想获得成就，就必须把用户体验牢记在心，不遗余力地优化、打磨产品。于是内部的员工体验促进了外部用户体验的发展，一举两得。

这种激励明显不涉及金钱、福利，可是，假如你作为一个产品经理，这样的氛围不会让你对"用户体验"充满动力和干劲吗？当你沉浸在这样一种正面积极的氛围里，对工作的投入和在乎程度自然而然就会被激发，而这种对工作的投入和在乎程度就是使命感。

2. 通过工作分配激发员工使命感

用使命感激励员工，最直接的做法就是让员工在岗位上获得成长。对于一些公司来说，老员工稳定性很高，却缺乏创造力；新员工想法很多，但缺乏经验，怎么做才能激发他们实现工作使命感呢？

唱吧创始人陈华提出一个办法：让老员工做新业务线，新员工做老业务线。新员工肯定不能胜任，事情超出了能力范围，那他就得想办法去学。边学边输出，而且有一定工作压力，这样一来，新员工的学习速度就会加快。而对于新员工来说，成长比什么都重要。

当公司开拓新业务时，大多数老板选择去挖几个领域内的牛人，也就是"空降兵"。而陈华觉得，老业务已经不能调动老员工的积极性了，那为什么不让他们尝试一下新业务？老员工熟悉公司和工作，对公司的预期和价值观的理解更明确，也容易做出更符合公司长远利益的判断。而且面对新业务，他们也会逼着自己快速学习、拥有新想法，一举两得。这就是"让老员工做新业务线，新员工做老业务线"，以激发使命感的工作分配方式来激励员工。这也是我们在本书开篇就讲到的，合理配置员工，让员工价值最大化。

让员工感受到激励、得到满足、拥有使命感，然后重复激励和使命，让员工像沉迷游戏一样热爱工作，正是"德普雷定理"想传达的理念。提升员工工作的专注力与自由度，让员工成为工作的支配者，通过内在激励的方式，让员工能够真正认识到工作本身的意义，激发他们内在的工作使命感，才能够实现长效的激励。

9.4 抓住细节，激励更有效

在我们的咨询案例中，有家公司因为扣罚员工 2000 元导致销售额锐减 20 万元。这家公司的一名销售经理，虽然公司规定双休，但他周末也都自觉加班。有一次周末，他家孩子病了需住院治疗，而他妻子刚好出差，老人对住院的手续不明白，于是他只好赶回家处理，两天下来还没处理完。

销售经理不得已向公司请假，正好当时公司有大的订单需要跟进，于是公司不同意，并答复：保持在岗，否则扣罚当月绩效奖。销售经理对公司的决定特别失望，一气之下递交了假条，手机直接关机，便回家处理事情了。

事后，公司领导找到他，责问道："你擅自离开，手机关机，考虑到公司的整体利益了吗？"销售经理也丝毫不客气，回了一句："公司利益我要照顾，那我家孩子病了谁来照顾？周末我无偿加班，家里有急事请假就扣我 2000 元，公司这样做，合理吗？"最终，销售经理因为咽不下这口气而离职。公司因为缺少像他那样兢兢业业的销售骨干，当月销售额锐减 20 万元。

很多公司将持续激励变成一种应急刺激，使公司不知不觉站在了员工的对立面。有些企业为了更好地激励员工，会选择物质激励手段，如给员工奖金、补贴、加班费等，但钱给了不少，员工的工作积极性却始终不高。丹尼尔·平克在《驱动力》一书中指出："奖励有时候很奇怪，它好像对人的行为施了魔法,把有意思的工作变成了苦工,又把游戏变成了工作,本来是要让好人好事越来越多,实际上却让好人好事越来越少。"

我的一位老朋友,是一家创业公司的骨干员工,平时工作压力比较大,即使是周末,也经常被老板叫到公司开会。一个周末,他和几个同事约好一起外出游玩,担心老板有事找他,就提前发信息向老板报备说:周末和几位同事玩一下,也顺便跟大家多交流交流,如果有事可以给他打电话,带着电脑很方便远程办公。老板回复说:把费用发票收好,回来报销。就这一句简单的话让我朋友感动不已,觉得老板很体恤员工,跟着这样的老板再苦再累也是值得的。朋友事后报销完对老板表达感激之情时,老板还客气地说是员工工作努力应得的。

这位老板的做法和罚款员工2000元的做法形成了鲜明的对比。高明的管理者总是善于发现合适的时机,并能通过合适的物质奖励给员工制造惊喜。

很多激励就是这样藏在细节里。例如,员工薪资待遇在同行业内处于较低水平导致工作积极性不高。为了改变这种低迷的状况,企业在不改变整体福利的情况下,可以把一些物质奖励直接转化成现金,以前发超市代金券,现在直接发钱。对公司来说,虽然需要多支付一点税金,但用金钱作为物质奖励的激励手段,让员工真切地感受到了上级对员工价值的肯定,也在部分程度上解决了工资水平低的问题。

每个人都会对未来有憧憬,而当组织愿景与个人愿景一致时,就会不断提升敬业度和使命感。达成这种一致的愿景显然不是单纯靠发钱能够得来的,企业还得学会"心的交流"。所谓"心的交流"就是企业懂得站在员工的角度去考虑问题,而不是以管理者自居,除了拿企业的条条框框去圈定员工外,丝毫不带点人情味。

阿里巴巴曾经给孕妇准备了孕妇装,衣服上面印上了阿里巴巴的

Logo。最开始，公司要求每一个领孕妇装的员工都必须登记，并且拿出医学检测报告。虽然这种做法并没有什么不妥，但管理层后来决定不再做登记，员工需要就自行领取。这是因为他们考虑到，如果要登记，可能有些员工就不愿意领取。而不登记，不仅化解了这种尴尬，而且公司也并没有什么损失。在管理者看来，一般员工不会为了贪这点小便宜去偷拿孕妇装。即便真的有人拿了也无妨，毕竟衣服上有阿里的Logo，对企业来说就是一种免费的企业品牌形象宣传，没有坏处，反而好处多多。

这种思考问题的方式就完全站在了员工的立场上，不仅没出乱，最终的结果反而比一开始的流程化操作更加有利与有效。如果每一个企业都能这样，就一定能够将员工激励这项工作做得更加有声有色。

9.5 涉及利益，要主动为员工争取

我们一个客户是建筑公司销售部门的女领导，有段时间由于公司加快拓展业务，所有员工忙得不可开交，她也顾不上与下属交流，于是问题就出现了。她发现员工们的脸上总写着抱怨，并且工作效率也比往常降低许多。她认为继续发展下去后果将不堪设想，现在正是用人之际，员工各个超负荷工作，如果没有得到及时的激励，一定会导致团队不稳。于是她立即向上级反映，提出给员工加薪的请求。上级经过考虑，答应了她的要求。员工们听到这个消息后顿时兴奋不已，又开始像往常一样卖力地工作。

在这个案例中，这位领导带领的团队成员工作量增大，却没有额外利益，她作为该部门的负责人，有责任为下属争取合理的劳动报酬。只有重视员工利益的管理者，才能真正受到员工的拥护和爱戴，才能让激励恰如其分地产生作用。

所谓的领导力，不是命令与控制，它是关于内在的怎样为人，而不是外在的怎样做事。在管理实践中，优秀管理者一定是为员工服务，即主动替下属争取利益。以义为质，就是把义作为管理的根本，设身处地为下属着想，必要时甚至可以为下属的利益而牺牲个人利益，这就是优秀管理者身上的浩然之气。

例如，身为一名企业的中层领导，发现上级领导做了一项不符合实际业务情况的决定，而这个决定又关系到自己下属的直接利益时，中层

领导就有必要挺身而出，与上级领导进行沟通交流，告知利害关系，并让其意识到这样的决定并不符合公司长远的利益。

在为员工争取利益时，管理者需讲究一定的方式方法，在维护集体利益的前提下，尽力满足员工的要求。为此，以下三条重要的原则需掌握，见图9-6。

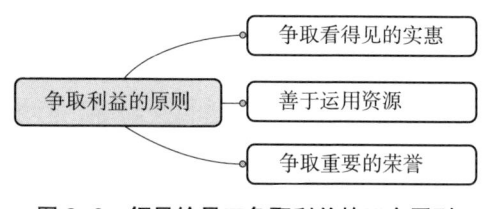

图9-6 领导给员工争取利益的三个原则

1. 争取看得见的实惠

管理者要替下属争取利益，首先应让其明白究竟是何种利益，以及这种利益的可实现性。管理者不能仅将利益停留在口头上，只有真行动才能让下属信服，否则会弄巧成拙。

2. 善于运用资源

如何运用资源为下属争取利益，这往往考验一个管理者的真正实力。争取到的利益越大，往往代表着管理者的影响力越强，同时在公司的威望也越大，如此团队成员才会更加充满信心。

3. 争取重要的荣誉

每位管理者都应成为一名"造星"高手，即让下属有机会成为公司的明星，或是专业上的高手。管理者能为下属争取到重要的荣誉，让其享受在亲友或同事面前炫耀的成就感，这样他们在工作中的自驱力便会更强。

在管理实践中，无论争取的结果如何，管理者都需将结果反馈给下属，而此时应注意把握四个要点，见图 9-7。

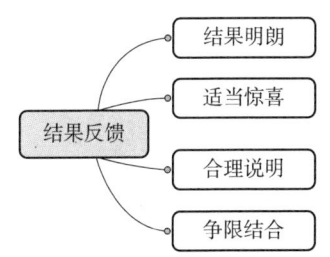

图 9-7　为员工争取利益的结果反馈要点

1. 结果明朗

管理者即使为员工争取到了相关利益，如涨薪，也必须在完成审批手续、明确调整时间及幅度后再告知下属。否则一旦中间环节出现变化，员工对管理者的信任度便会受损，不利于后续的人际关系处理与管理工作。

2. 适当惊喜

在反馈利益争取成果时，管理者可以合理渲染自己的辛苦程度，包括如何说服上级等，目的是让下属明白所得利益来之不易，以后需通过更加努力的工作来回报企业。

3. 合理说明

即使利益的争取被否定，管理者也有必要向下属说明原因，如员工个人尚存在哪些不足、在哪些方面需进行改善等，争取下一次的机会。这样，一方面可以表明管理者为员工主动争取利益的态度，另一方面为下属争取利益的过程也许比最终的结果更让下属感动。

4. 争限结合

管理者为下属争取到利益，容易让其产生对上级的认同与好感，管理起来亦会更加容易。然而为下属争取利益的同时，也要订立规矩严格执行。管理者应制定严格的规则，形成守规矩的组织氛围，如此员工才会珍惜享受到的利益，并真正产生高绩效。

从劳动关系的角度看，组织与员工之间始终存在利益上的博弈。例如，老板总希望花最少的工资让员工创造最大的价值，而员工则希望从工作中获得最大的报酬。因此管理者需懂得平衡组织和员工间的利益关系，起到润滑剂的作用。在组织一方，管理者应从集体利益的长远大局出发，既参考外部环境因素，也结合企业内部环境因素；在员工方面，应为其争取合理的利益，鼓励干劲，努力实现工作目标。

9.6 员工有难，做到雪中送炭

在李嘉诚的公司里，一位普通的管理人员在公司工作十几年后患了青光眼。治病过程中，这位员工花光了公司规定的能为员工报销的所有医疗费用，之后不仅治病成了问题，就连生活也成了问题。李嘉诚知道后，他一方面鼓励这位员工不要放弃治疗，另一方面则向这位员工打听他妻子的工作问题，告诉他如果他的妻子没有一份稳定的工作，可以到公司来上班。李嘉诚的关怀正是雪中送炭。古语有云，解救别人于危难之中，必获其人赤胆忠心。在竞争激烈的市场环境下，帮扶困难员工，对企业的稳定和发展有着十分重要的作用。

我们都知道，对别人示好的最高境界就是"雪中送炭"。因此，管理者要进行员工关怀，首先需要有一双能发现员工需求的"慧眼"，只有发现了需求，才能知道员工在哪方面最需要被关怀。在此，我们分享四种发现员工需求的常用方法，见表9-3。

表 9-3 发现员工需求的常用方法

方法	内涵
日常观察与反思	通过观察员工日常工作的行为表现，深入思考问题背后的原因，从根本上帮员工解决问题
集体座谈	通过集体座谈或头脑风暴，管理者可以集中了解民意并给予帮助
单独谈话	选择合适的机会与员工进行一对一谈话，使员工放下包袱，坦诚表明自己最真实的困难
问卷调查	开展书面的问卷调查，广泛收集员工潜在的困难需求，分门别类进行跟踪处理

当员工的需求被发现后，下一步便是如何帮助他们。但俗话说"欲壑难填"，如果员工的需求是不合理的，企业管理者当然不能倾尽所有去满足他们。这个时候管理者要做的，就是将员工关怀的成本最小化，效果最大化。根据员工需求的不同，我们可以将困难分为工作困难类、个人成长类、生命健康类、家庭协助类四个方面，对不同类别的困难采取不同的关怀方式，见图9-8。

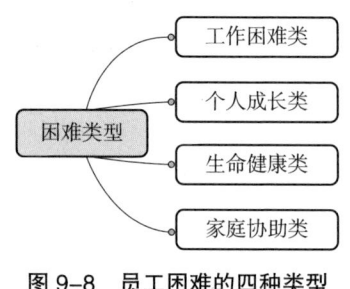

图9-8　员工困难的四种类型

1. 工作困难类

在工作中，员工可能会遇到工作不会做、工作难度大、缺乏支持等困难，这就需要管理者能及时给予帮助，如组织培训、请同事协助、调动团队外部资源等。在此最关键的一点是及时性，即不能长时间拖延。一方面员工的工作问题无法得到解决会影响组织绩效，另一方面也会使员工心里产生"领导不关心"的消极感受。

2. 个人成长类

企业需要员工努力工作，而员工也需要学习和充电，以求得自身的成长。当员工在组织中的发展遇到瓶颈时，管理者应及时提供生涯指导，将员工的工作、学习融入公司的发展中，实现个人成长与企业成长相统一。当然，对一些偏门或个性较强的员工成长需求，企业又暂时无法给予资源的情况下，可以解释说明并劝导其进行外部充电来达成期望。

3. 生命健康类

当员工的生命健康遭遇重大打击时，管理者可协同工会、党群、人力资源等部门进行慰问。在员工身体最虚弱的时候应给予物质上或精神上的关心，如此能快速拉近彼此的关系，减少距离感，让员工真正体会到企业如家般的温暖。

4. 家庭协助类

员工辛苦的工作与付出离不开背后家庭的强大支持。若员工家庭出现困难也会对自身工作产生巨大的冲击。管理者一旦了解到相关情况，可通过实地家访等形式为员工个人及家庭成员排忧解难、雪中送炭。

在为员工"雪中送炭"方面，京东公司为国内企业树立了标杆。自2010年起，京东就建立了"爱心救助基金"福利项目，用于缓解员工及直系亲属的燃眉之急。在京东工作满五年的老员工一旦遇到威胁生命的疾病情况，公司将提供不设上限的公立医院医疗费救助支持。假如员工在职期间遭遇不幸导致完全丧失劳动能力或身故，京东将承担其子女学习和生活的基本费用，直到大学毕业。除此以外，公司还在总部1号楼内设有儿童乐园和托幼中心，解决了父母陪伴子女的问题。作为一家雇主，京东认同"只有真正关注员工幸福感的企业，才能变得伟大"这样的用人理念。

在企业发展壮大的过程中，员工可以为了额外的任务而加班加点，可以为了获得某项订单忍受客户的刁难，也可以为了维护公司形象独自咽下委屈和泪水。如果没有员工的积极参与和热情投入，可持续发展的愿景都只能是空谈。因此对管理者来说，应首先学会感恩员工，尤其应在他们遇到困难时伸出援手，雪中送炭。这种激励，比加一次工资、多发一次福利更能有效提升员工归属感和组织凝聚力。

9.7 所有的员工管理，本质都是激励

在本书的最后，我想给全书的脉络做一个梳理。"人才使用"就是使人才为某种目的服务。对企业而言，"某种目的"显然就是指产生效益，使企业能够长足发展。管理者想要使用好人才，就必须从多方面考虑，各方面平衡运用，才能让人才优势得以凸显。

人才使用涉及人才的配置、培训和薪酬的发放，以及授权放权、高效沟通、公平竞争，见图9-9。

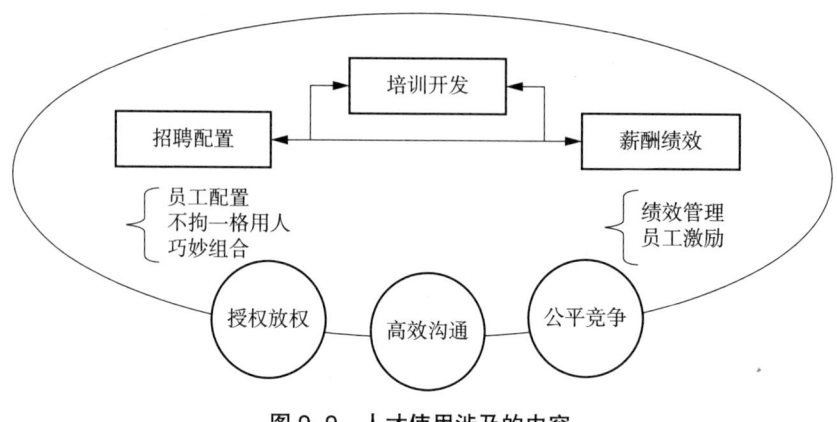

图9-9　人才使用涉及的内容

管理者首先要做的是选择合适的人，并将其放到合适的位置上。此时就涉及员工的多样性选择，以及员工的分配与组合。从企业角度来说，这是出于自身需要对员工进行的有效配置；从员工角度来说，则是企业对他们用心的一种表现。

企业管理者如果不熟悉业务和岗位特点，更不熟悉员工特点，则无法达到理想的配置状态。撇开业务和岗位特点不谈，单就员工特点的辨别而言，管理者需要多与员工沟通交流，在互动的过程中让员工了解管理者，并知道管理者的为人，才会对管理者敞开心扉，此时管理者才有机会了解员工。如果单凭一些主观印象就对员工做出判断，很容易与实际不符，一旦出现这种情况，其他激励都不再起作用。

在合理配置员工之后，则需要根据员工的特点，开展有效的培训。培训是为了提升员工能力，更是为了提升企业的整体战斗力。企业选人不可能永远都选到刚好合适的员工，很多情况下，出于用人成本的考虑，只要新人具备基本的要求，有培养潜力，就会被企业选择。对于有潜力的员工，通过系统性的培训，才能让其能力进一步提升，逐步提高与岗位的适配性。此外，随着企业的发展，所需技能要求越来越高，也需要员工的能力及时提高，培训自然成了不二选择。企业是否提供培训，是一家企业是否重视员工的一大表现，因为培训投入大、见效慢，只有将员工真正作为第一大资源的企业才会从长远角度出发，为员工提供全方位的培训。

在配置与培训的基础上，管理者要懂得授权放权的重要性，需要为员工提供公平的竞争氛围、畅通无阻的沟通渠道。此三点，都是企业文化进一步渗透的体现。只有企业文化展现出了毫无官派作风的领导风格、直言不讳的沟通风气、公平与公正的价值驱动，员工与员工之间、员工与领导之间才不会相互猜忌。大家上下一心，彻底打通"沟通墙"与"部门墙"，人人都是自己的领导，人人也都是公司这艘大船的舵手。作为自己的领导，员工具备了很强的自驱力，不用过多的管控就能够自动自发地完成任务、找寻新的任务。作为公司的舵手，员工知道公司要往哪里走，能够提供宝贵的建议。

很多时候管理者会存在盲点。在移动互联网的浪潮下，外界环境的变化越来越快，第一个感知到细微变化的往往不是高高在上的管理者，而是身处一线的员工。员工不具备的是全局战略观，而管理者不具备的是敏锐的市场洞察力。如果将两者结合起来，就能够提升目标的清晰度，更利于企业的成长。显然，如果不授权，员工无法承担责任，就不可能培养出敏锐的洞察力；没有良好的沟通渠道，员工再有想法，也无法传递到管理者的耳朵里；公平竞争的环境，就是让员工能够进行"自我升级"，不断成长为企业需要的高端人才。高端人才是兼具战略意识和市场敏感度的人才，见图9-10。

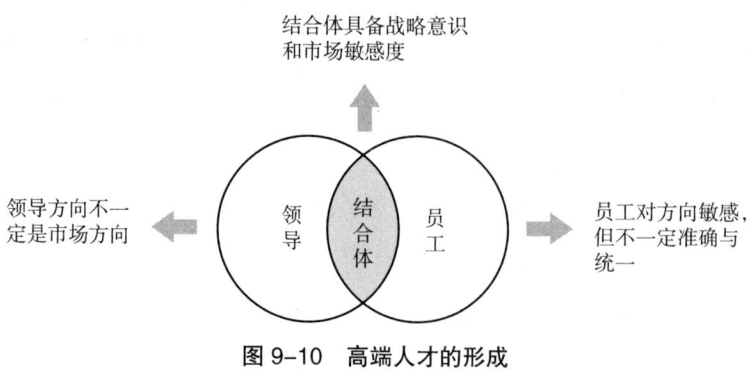

图9-10 高端人才的形成

当然，企业成长快速，员工贡献卓越，就得落脚到薪酬绩效上。缺少了"薪酬绩效"这一地基，是不可能把企业这栋大楼搭建起来的。因此，软性激励需要，硬性激励也不能少。只有多劳多得、少劳少得、不劳不得甚至淘汰，才是企业利益分配最合理的体现。让冲在一线的员工能够受到保护的同时，也能够享受到应有的待遇，这是一个企业管理者对员工最基本的承诺。

从选人用人，到培养，到环境创造，再到薪酬分配，企业从入口把关，到最后的利益共享，每一步都是在用实际行动告诉员工：企业需要你，需要你同企业一道，共同走向更美好的明天。员工只有从进入企业那一刻开始，处处感知到企业的真心实意，才会全身心投入到企业的发展中去，用个体的力量撑起企业发展的一片天。